Introduzione al diritto della sicurezza sul lavoro

IUSTITIAM COLIMUS

Patrizia Tullini

Introduzione al diritto della sicurezza sul lavoro

SECONDA EDIZIONE

Giappichelli

VIA PO, 21 - TEL. 011-81.53.111 - FAX 011-81.25.100

http://www.giappichelli.it

ISBN/EAN 978-88-921-4540-5

G. Giappichelli Editore

MARCHIO STORICO

Questo libro è stato stampato su carta certificata, riciclabile al 100%

Stampa: Stampatre s.r.l. - Torino

Restituire alla sicurezza la centralità riconosciuta dalla Costituzione,
questo è il compito del legislatore, della dottrina e della giurisprudenza,
se si vuole davvero voltare pagina.
Altrimenti l'utopia rimarrà irrealizzata,
perché le parole non bastano, né gli auspici autorevoli,
né la volontà politica di invertire la rotta,
drasticamente abbassando il tragico numero delle morti bianche.

L. MONTUSCHI, *Verso il testo unico sulla sicurezza del lavoro* (2007).

INDICE

pag.

Capitolo Primo

Evoluzione e caratteristiche del sistema normativo della salute e sicurezza sul lavoro

Capitolo Secondo

I destinatari e l'ambito di applicazione della tutela della salute e sicurezza sul lavoro

pag.

Capitolo Terzo

L'obbligo di sicurezza e la prevenzione nei luoghi di lavoro

Capitolo Quarto

Il sistema di prevenzione aziendale: principi, figure garanti e servizi

Capitolo Quinto

Consultazione e partecipazione dei rappresentanti dei lavoratori per la sicurezza

Capitolo Primo

Evoluzione e caratteristiche del sistema normativo della salute e sicurezza sul lavoro

1. Le politiche europee in materia di salute e sicurezza sul lavoro: dal quadro normativo comune all'attuazione nazionale. L'approccio di *soft law* e la semplificazione legislativa

La legislazione italiana relativa alla salute e sicurezza dei lavoratori (e, in particolare, il d. lgs. n. 81/2008, **c.d. Testo unico in materia di tutela della salute e sicurezza nei luoghi di lavoro – T.U. 2008**) è, in larga parte, il risultato dell'adempimento di precisi impegni di derivazione europea.

Il settore della prevenzione e tutela dei rischi professionali costituisce storicamente il primo nucleo della politica sociale europea: è l'ambito normativo nel quale è stato raggiunto il livello più avanzato di convergenza tra gli ordinamenti giuridici dei diversi Paesi dell'Unione, come previsto dagli artt. 151 e 153 TFUE.

Per conseguire gli obiettivi fondamentali dell'Unione in materia sociale, le istituzioni europee sostengono e completano l'azione degli Stati membri nel settore del «miglioramento, in particolare, dell'ambiente di lavoro, per proteggere la sicurezza e la salute dei lavoratori» (così, l'art. 151, co. 1, lett. *a*), TFUE). Questo impegno è stato rafforzato dalla Carta dei diritti fondamentali dell'Unione che riconosce all'art. 31 il «diritto a condizioni di lavoro sane, sicure e dignitose».

L'investimento in materia sociale è stato ribadito attraverso il *Pilastro europeo dei diritti sociali*: la Risoluzione del Parlamento europeo del 19 gennaio 2017 (2016/2095(INI)), accompagnata dalla *Raccomandazione 2017/761* della Commissione europea. In entrambi i documenti si sancisce che «il diritto a condizioni di lavoro sane e sicure comporta anche la protezione dai rischi sul luogo di lavoro» e spetta ai lavoratori «un elevato livello di tutela» dei loro diritti fondamentali; pertanto gli Stati membri sono sollecitati a «dare piena attuazione alla legislazione in materia».

Senza l'impulso dell'Unione e l'attivismo delle istituzioni europee, l'Italia si sarebbe probabilmente adagiata sulla disciplina prevenzionistica di stampo pubblicistico-amministrativo che è stata adottata nella metà del Novecento (anni 1955-56), potendo contare solo sul contributo interpretativo-creativo della giurisprudenza per ampliare e arricchire la tutela giuridica. I giudici penali e quelli del lavoro, infatti, hanno valorizzato specialmente l'obbligo generale di sicurezza posto in capo al datore di lavoro dall'art. 2087 c.c., applicando tale disposizione in collegamento con le norme costituzionali che riconoscono i diritti inviolabili della persona (cfr. artt. 2, 32 e 41, co. 2, Cost.).

L'azione delle istituzioni europee nel settore della prevenzione dei rischi lavorativi s'è sviluppata lungo un arco di tempo che copre circa un quarto di secolo, a partire dagli anni Settanta del secolo passato, seguendo due direzioni principali:

a) l'emanazione d'un ampio *corpus* normativo destinato ad essere recepito nei singoli ordinamenti nazionali, composto da **direttive** che forniscono le definizioni comuni, le strutture e le regole condivise per la tutela della salute e sicurezza sul lavoro. Il provvedimento più rilevante, che rappresenta l'architrave della legislazione europea, è la **direttiva-quadro 89/391/CEE** del 12 giugno 1989 concernente "*Attuazione di misure volte a promuovere il miglioramento della sicurezza e della salute dei lavoratori durante il lavoro*", alla quale si ricollegano una serie di direttive particolari, relative a determinati settori produttivi o specifiche tipologie di rischi professionali.

Questa base normativa europea è stata recepita in Italia dapprima con il d. lgs. n. 626/1994 (oggi abrogato) ed è stata poi trasfusa nel d. lgs. n. 81/2008 (T.U. 2008), attualmente vigente;

b) una serie di programmi pluriennali (dal 1978 sino al 2002) e di strategie d'azione (nei periodi 2002-2006; 2007-2012) finalizzate a stabilire le priorità dell'Unione nel settore della prevenzione dei rischi, da realizzare in collaborazione con i singoli Stati membri.

La *Comunicazione della Commissione europea sul quadro strategico dell'Unione per il periodo 2014-2020* (COM(2014)332, final) è stata successivamente aggiornata con il nuovo *Quadro strategico dell'UE in materia di salute e sicurezza sul luogo di lavoro 2021-2027 – Sicurezza e salute sul lavo-*

ro in un mondo del lavoro in evoluzione del 28 giugno 2021 (COM(2021)323, final).

Il quadro strategico per il periodo 2021-2027, annunciato nel piano d'azione del Pilastro europeo dei diritti sociali, stabilisce le priorità e le azioni necessarie per migliorare la salute e la sicurezza nel contesto caratterizzato dalle transizioni verde e digitale, dalle sfide economiche e demografiche, dall'evoluzione del concetto di ambiente di lavoro. Infatti, la Commissione propone alcune modifiche al vigente quadro regolativo dell'Unione, per tener conto del modificarsi del concetto di "luogo di lavoro" con l'introduzione delle forme di lavoro *online* e da remoto, dell'elevato tasso tecnologico nelle attività lavorative e nei modelli imprenditoriali.

La Comunicazione ha sottolineato, inoltre, i risultati sinora raggiunti a livello europeo nell'attività di prevenzione, richiamando il ruolo chiave svolto dall'Agenzia europea per la salute e sicurezza del lavoro (EU-OSHA) nel contribuire all'effettività del diritto dei lavoratori ad un ambiente di lavoro sano e sicuro. Al successo delle politiche per la prevenzione ha contribuito in modo significativo anche la **giurisprudenza della Corte di giustizia**, che ha interpretato le direttive dell'Unione in modo puntuale e rigoroso, incentivando l'applicazione della normativa europea e la formazione d'un linguaggio comune nei diversi ordinamenti nazionali.

Secondo tale giurisprudenza, l'attuazione delle direttive europee in materia di sicurezza sul lavoro deve essere «integrale» (CgCE, 15 novembre 2001, C-49/00) e non sono giustificati ritardi da parte dei Paesi membri nel processo di trasposizione. La Corte ha chiarito che la normativa europea stabilisce il livello «minimo» della tutela dei lavoratori, che gli ordinamenti nazionali sono tenuti ad osservare ed eventualmente a migliorare, rispettando la clausola di non regresso, cioè senza poter abbassare gli *standard* prevenzionistici nazionali che risultino già più elevati (CgCE, 17 dicembre 1998, C-2/97).

La Commissione europea è persuasa che gli investimenti nel settore prevenzionistico possano avvantaggiare anche le imprese, incluse quelle di minori dimensioni, senza considerare che i migliori livelli di salute e sicurezza favoriscono il prolungamento della vita attiva, contrastano gli effetti dell'invecchiamento demografico e dello squilibrio tra giovani e anziani nel mercato del lavoro, contribuendo alla sostenibilità finanziaria dei regimi nazionali di previdenza e sicurezza sociale. Da questo punto di vista, la promozione di elevati *standard* di tutela si raccorda agli obiettivi di sviluppo sostenibile dell'**Agenda ONU per il 2030** (cfr. spec. obiettivo 3 – salute e benessere; obiettivo 5 – parità di genere; obiettivo 10 – ridurre le diseguaglianze).

Nonostante gli obiettivi raggiunti dalle strategie europee, sono emersi tuttavia alcuni aspetti critici: in particolare, il progressivo appesantimento del processo legislativo dell'Unione e degli Stati membri. Le indagini empiriche svolte dall'Agenzia Europea (EU-OSHA) hanno rimarcato la complessità e l'onerosità degli adempimenti normativi e documentali imposti alle imprese, sollecitando interventi di semplificazione e l'adozione di strumenti normativi flessibili.

Le istituzioni europee hanno cominciato ad utilizzare gli strumenti di *soft law* al posto della normativa inderogabile e delle direttive: indirizzi e orientamenti applicativi, esempi di buone pratiche, campagne promozionali, raccolte di dati statistici sugli andamenti infortunistici, scambi d'informazioni ed esperienze tra i Paesi dell'Unione.

L'uso della normazione leggera si spiega non solo nella prospettiva della semplificazione del carico legislativo per le imprese, ma anche per affrontare le sfide relative alla prevenzione dei c.d. **rischi nuovi ed emergenti.** Si considerano tali i rischi lavorativi collegati ai mutamenti produttivi ed organizzativi, all'introduzione di tecnologie innovative (dalle biotecnologie, alle nanotecnologie, alle tecnologie della comunicazione e dell'informazione), alla diffusione di malattie professionali (di vecchia e nuova generazione) che costituiscono un'inedita frontiera per la disciplina prevenzionistica (Cap. 3, § 1). La protezione dei lavoratori rispetto a questa nuova tipologia di rischi non si presta ad un intervento legislativo uniforme e di tipo tradizionale, ma richiede piuttosto investimenti nella formazione e informazione, nella promozione del benessere lavorativo, nello sviluppo di politiche dell'invecchiamento attivo (*active ageing*) e del *welfare* aziendale.

Un altro rilevante problema, comune a tutti i Paesi dell'Unione europea, riguarda l'applicazione delle regole di prevenzione nelle **imprese di minori dimensioni** e nelle micro-imprese. Queste, infatti, rispetto alle grandi organizzazioni produttive incontrano maggiori difficoltà tecnico-organizzative, oltre a dover sostenere più elevati oneri economici di adeguamento alla legislazione di derivazione europea.

L'imperativo della semplificazione legislativa ha acquisito un rilievo crescente: la Commissione europea ha invitato i Paesi membri ad una valutazione dell'assetto normativo interno, in parallelo ad un'analoga opera di verifica di adeguatezza della regolamentazione attraverso il programma europeo di semplificazione (REFIT). Il processo di revisione intende ridurre gli oneri burocratici e amministrativi a carico delle imprese, pur con l'impegno di conservare lo *standard* di protezione della salute e sicurezza dei lavoratori sinora conseguito (Comunicazione della Commissione al Parlamento europeo, al Consiglio, al Comitato Economico e sociale e al Comitato delle Regioni, *Adeguatezza ed efficacia della regolamentazione (REFIT): Risultati e prossime tappe* – COM(2013)685, final).

L'obiettivo della semplificazione normativa è diventato centrale anche nell'ordinamento italiano, tenuto conto che – forse più di altri sistemi giuridici – il nostro Paese ha adottato una normativa prevenzionistica molto ampia, analitica e dettagliata. In questa prospettiva di alleggerimento dei vincoli giuridici s'inseriscono alcuni interventi che agevolano determinati adempimenti, soprattutto a favore delle imprese di minori dimensioni (ad es., in relazione alla procedura di valutazione dei rischi e alla redazione del documento di sicurezza aziendale: cfr. Cap. 4).

2. Lineamenti del sistema prevenzionistico italiano: l'assetto delle fonti

Una delle principali caratteristiche del settore prevenzionistico è rappresentata dall'intreccio tra fonti normative di diverso livello (internazionali, europee, nazionali e regionali), cui si aggiunge una pluralità di regole di diversa natura, definite dall'art. 2, d. lgs. n. 81/2008. Ne deriva un assetto giuridico articolato e altamente complesso.

Il riparto delle competenze legislative in materia di «tutela e sicurezza del lavoro» è previsto dall'art. 117, co. 3, Cost., che attribuisce una **potestà concorrente allo Stato e alle Regioni** (e Province Autonome).

Dopo aver richiamato i vincoli posti dal diritto europeo ed internazionale, il T.U. 2008 (art. 1, co. 1), ribadisce che la disciplina prevenzionistica è conforme al riparto costituzionale delle competenze legislative, a garanzia dell'unità delle norme che individuano **i livelli essenziali delle prestazioni concernenti i diritti sociali relativi alla salute e sicurezza** dei lavoratori sull'intero territorio nazionale. L'esigenza di unità della legislazione deve tener conto, in ogni caso, delle esigenze di differenziare le misure di protezione in base al genere, all'età, alle condizioni delle lavoratrici e dei lavoratori immigrati.

Per assicurare la conformità al dettato costituzionale che prevede una potestà concorrente tra Stato e Regioni e allo scopo di prevenire eventuali conflitti tra i poteri legislativi, l'art. 1, co. 2, T.U. 2008 ha introdotto una sorta di "clausola di cedevolezza", secondo la quale la disciplina dettata a livello nazionale si applica «nell'esercizio del potere sostitutivo dello Stato» ed è destinata a perdere efficacia nell'ipotesi d'un intervento da parte dei legislatori regionali. Resta fermo, comunque, il rispetto dei principi fondamentali della materia che sono riservati alla legislazione dello Stato secondo l'art. 117, co. 3, Cost. (ult. periodo).

In linea di principio, dunque, risulta salvaguardata la potestà legislativa regionale, mentre la normativa statale risulta "cedevole". Peraltro sinora le Regioni non hanno dimostrato un particolare interesse ad esercitare la propria competenza concorrente, preferendo adottare interventi di carattere integrativo o promozionale rispetto alla disciplina di emanazione statale.

La complessità del sistema normativo deriva, come s'è anticipato, dalla ricchezza e dalla varietà della strumentazione giuridica. Alla fonte legislativa (di livello nazionale e regionale) si affiancano altre forme di regolamentazione ispirate al modello della *soft law*, con l'obiettivo di agevolare e di rafforzare il percorso attuativo e l'effettività delle regole di prevenzione:

Linee-guida e **Accordi della Conferenza Permanente Stato-Regioni-Province Autonome** (art. 2, co. 1, lett. *z*), T.U. 2008): atti di indirizzo e di coordinamento per l'applicazione della legislazione prevenzionistica, predisposte da enti pubblici competenti (Regioni, Ministeri, INAIL) e approvate dalla Conferenza Stato–Regioni e Province Autonome, in ottemperanza al principio costituzionale della leale collaborazione tra i poteri legislativi;

Norme tecniche e **buone prassi** (art. 2, co. 1, lett. *u*)-*v*), T.U. 2008): specifiche tecniche, soluzioni organizzative e procedurali, protocolli e prassi operative che possono essere adottate volontariamente dalle imprese ed hanno un ruolo integrativo rispetto alle regole di contenuto vincolistico. Il legislatore prevede che queste forme di regolamentazione "leggera" siano preventivamente valutate e approvate da organismi (nazionali o internazionali) e da istituzioni pubbliche che ne accreditano l'utilità e l'efficacia ai fini prevenzionistici.

Per «norma tecnica», infatti, s'intende una specifica tecnica, la cui osservanza non sia obbligatoria per il datore di lavoro, che sia stata approvata e pubblicata da un organismo internazionale, europeo o nazionale di normalizzazione (ad es., UNI). Mentre la «buona prassi» consiste in una soluzione organizzativa, un protocollo o una procedura di sicurezza, adottati volontariamente e coerenti con la legislazione prevenzionistica. Le buone prassi sono elaborate e raccolte da soggetti pubblici (ad es., Regioni, INAIL), oppure anche da soggetti privati (ad es., gli Organismi paritetici previsti dall'art. 51, T.U. 2008), purché validate dalla Commissione consultiva permanente (art. 6, T.U. 2008) che provvede ad assicurare la più ampia condivisione e diffusione della prassi.

Nel corso del tempo la predilezione per l'approccio di *soft law* s'è molto accentuata anche a livello nazionale. Il legislatore italiano ha recepito l'invito della Commissione europea ad utilizzare la normazione leggera, aprendo la via alla tecnica di standardizzazione delle modalità di adempimento degli obblighi di prevenzione, con l'introduzione di modelli procedurali precostituiti per la gestione della sicurezza sul lavoro.

Gli interventi attuati con la riforma del *Jobs Act* (cfr. l'art. 20, d. lgs. n. 151/2015) hanno reso disponibili per i datori di lavoro una serie di procedure semplificate per la valutazione dei rischi e per la predisposizione dei piani di sicurezza aziendale. Il *menu* delle opzioni attualmente contemplate dalla normativa nazionale risulta molto ampio e la caratteristica di base di tutti i modelli di gestione della prevenzione – semplificati, standardizzati, informatizzati – sembra quello dell'alleggerimento degli adempimenti di legge (v. *infra* Cap. 4).

Tra le fonti di regole in materia di sicurezza va considerata anche la contrattazione collettiva che può assumere una funzione di specificazione e di integrazione *in melius* della normativa. Il T.U. 2008, del resto, rinvia spesso ai contratti collettivi per un completamento del dettato delle norme: ad esempio, ai fini dell'individuazione dei Rappresentanti dei lavoratori per la sicurezza (RLS) e dei loro compiti (v. Cap. 5), oppure per la definizione dei contenuti e delle modalità dell'informazione e della formazione (cfr. Cap. 6).

3. Il sistema istituzionale della salute e sicurezza sul lavoro

Tenuto conto del riparto costituzionale delle competenze legislative tra Stato e Regioni, il T.U. 2008 ha individuato alcune sedi di collaborazione istituzionale, prevedendo una fitta rete di organismi pubblici (partecipati dai Ministeri del Lavoro e della Salute, dalle Regioni e dalle parti sociali) con compiti d'indirizzo, consultivi e tecnico-amministrativi.

Il **sistema di promozione della salute e sicurezza** (art. 2, co. 1, lett. *p*), d. lgs. n. 81/2008) comprende «il complesso dei soggetti istituzionali che concorrono, con la partecipazione delle parti sociali alla realizzazione dei programmi di intervento finalizzati a migliorare le condizioni di salute e sicurezza dei lavoratori».

Tale sistema istituzionale prevede – a livello centrale – la costituzione di un **Comitato d'indirizzo** presieduto dal Ministro della Salute e della **Commissione Consultiva Permanente per la salute e sicurezza sul lavoro**. Entrambi gli organismi raccordano la propria attività – a livello regionale – con i **Comitati regionali di coordinamento**, che a loro volta sono organismi partecipati dalle Regioni (nella persona del Presidente della Giunta o un assessore delegato) e dai rappresentanti degli enti pubblici che, a livello territoriale, hanno compiti nel settore della prevenzione (Ispettorato territoriale del lavoro, ASL, INAIL, INPS) (cfr. artt. 5-7, T.U. 2008).

Al Comitato nazionale d'indirizzo, che è posto al vertice del sistema istituzionale, partecipano i Ministeri competenti (Ministero del Lavoro e delle Politiche Sociali, Ministero della Salute, Ministero dell'Interno, Ministero delle Infrastrutture e dei Trasporti), oltre ai rappresentanti delle Regioni e delle Province Autonome. Il Comitato ha il compito di stabilire le linee comuni delle politiche nazionali in materia di prevenzione; individuare obiettivi e programmi dell'azione pubblica di miglioramento delle condizioni di salute e sicurezza; definire la programmazione annuale e i settori prioritari dell'attività di vigilanza pubblica; garantire lo scambio di informazioni tra i soggetti istituzionali al fine di promuovere l'uniformità dell'applicazione della normativa.

La **Commissione consultiva permanente** (art. 6, d. lgs. n. 81/2008) è competente ad esaminare i problemi applicativi della disciplina di prevenzione e a formulare proposte per il suo miglioramento. Svolge, inoltre, rilevanti compiti di validazione delle buone prassi e dei codici di condotta adottati su base volontaria. Elabora modelli di valutazione dei rischi lavorativi, procedure standardizzate e semplificate per la gestione della sicurezza nelle imprese di minori dimensioni. In particolare, elabora metodologie di analisi in relazione al rischio *stress*-lavoro correlato e favorisce l'adozione dei Modelli di Organizzazione e di Gestione ai sensi dell'art. 30, T.U. 2008, verificandone l'applicabilità (v. *infra* Cap. 7).

Infine, La Commissione consultiva promuove la considerazione della differenza di genere in relazione alla valutazione dei rischi nei luoghi di lavoro e alla predisposizione delle idonee misure di prevenzione.

L'apparato istituzionale è completato dal **Sistema informativo nazionale per la prevenzione nei luoghi di lavoro (SINP)**, costituito ai sensi dell'art. 8, d. lgs. n. 81/2008 (modificato dal d.l. n. 146/2021, conv. in l. n. 215/2021), con il compito di fornire la base dei dati «utili per orientare, programmare, pianificare e valutare l'efficacia dell'attività di prevenzione … e per indirizzare l'attività di vigilanza». In particolare, gli organi di vigilanza alimentano un'apposita sezione del SINP dedicata alle sanzioni irrogate per la violazione della normativa.

Il SINP ha una composizione articolata: è costituito da una parte ministeriale (Ministero del lavoro e delle Politiche Sociali, Ministero della Salute, Ministero dell'Interno e Dipartimento della Presidenza del Consiglio per la transizione digitale), da una componente regionale (Regioni e Province Autonome), dagli Enti pubblici nazionali (INPS, INAIL, INL-Ispettorato Nazionale del lavoro), con il contributo del CNEL (Consiglio Nazionale dell'economia e del lavoro). Partecipano inoltre le parti sociali attraverso un'attività di consultazione periodica sui flussi informativi che riguardano gli infortuni e il quadro dei rischi (anche in un'ottica di genere), gli interventi di prevenzione e quelli di vigilanza.

L'INAIL (Istituto Nazionale Assicurazione Infortuni sul Lavoro) provvede alla gestione tecnica e informatica del SINP e rende disponibili le informazioni necessarie per il raggiungimento degli obiettivi della prevenzione da parte di tutti i soggetti istituzionali.

Nell'ambito del sistema istituzionale, assume un ruolo di ausilio e di supporto anche la **Commissione per gli interpelli,** costituita presso il Ministero del Lavoro e delle Politiche Sociali, con la partecipazione di rappresentanti del Ministero della Salute e delle Regioni e Province Autonome (art. 12, d. lgs. n. 81/2008).

La Commissione ha il compito di fornire risposta agli interpelli presentati da sindacati e da ordini professionali su questioni di carattere generale in materia di salute e sicurezza sul lavoro. Le indicazioni fornite rilevano come criteri interpretativi per l'applicazione della normativa prevenzionistica e costituiscono direttive per l'esercizio della vigilanza pubblica.

4. Le parole-chiave della sicurezza sul lavoro

Il T.U. 2008 ha introdotto nell'ordinamento giuridico alcune parole "nuove" che assumono un ruolo-chiave per comprendere i fondamenti del sistema di salute e sicurezza nei luoghi di lavoro e le sue prospettive di evoluzione.

Prevenzione (art. 2, co. 1, lett. *n*), d. lgs. n. 81/2008): secondo il concetto-base della «prevenzione assoluta», chiaramente esplicitato nel diritto europeo, il datore di lavoro assume l'obbligo di garantire la salute e sicurezza «in tutti gli aspetti connessi al lavoro» (art. 5, § 1, dir. 89/391/CEE), impegnandosi a valutare l'insieme dei rischi professionali con particolare riguardo alla «scelta delle attrezzature di lavoro e delle sostanze o dei preparati chimici e nella sistemazione dei luoghi di lavoro» (art. 6, co. 3, lett. *a*), dir. 89/391/CEE).

Questa nozione ampia di prevenzione si ricollega al dettato costituzionale che all'art. 32 individua la salute come diritto fondamentale e inviolabile della persona, nonché quale interesse della collettività. La norma costituzionale estende il suo ombrello protettivo negli ambienti di lavoro, a garanzia di un bene fondamentale che si sostanzia nell'integrità psico-fisica, ma include anche la generale condizione di benessere della persona.

La nozione giuridica di prevenzione è servita a ri-orientare l'intero sistema normativo verso un concetto "aperto" di rischio lavorativo L'oggetto dell'obbligo posto a carico del datore di lavoro s'identifica con la gestione completa e integrata di tutti i rischi professionali, e con il dovere di fare (o non fare) tutto ciò che occorre per evitare la lesione dell'integrità della persona del lavoratore.

Nella definizione della prevenzione, infatti, si riflette il contenuto dell'art. 2087 c.c. che impone al datore di attuare il complesso delle misure necessarie per la tutela della persona «anche secondo la particolarità del lavoro, l'esperienza e la tecnica». Anzi, la nozione di prevenzione introdotta del T.U. 2008 va oltre il contenuto della disposizione codicistica, perché collega la tutela del luogo di lavoro con l'ambiente esterno, esigendo il «rispetto della **salute della popolazione e dell'integrità dell'ambiente esterno**».

La correlazione tra la sicurezza dell'ambiente di lavoro e di quello esterno può sembrare scontata. In realtà, i due temi hanno intrattenuto più spesso una relazione tra loro conflittuale, per l'ovvia ragione che un'impresa inquinante o un'attività produttiva dannosa per l'ambiente offre comunque posti di lavoro. Il T.U. 2008 sembra voler ristabilire un rapporto corretto tra l'ambiente interno e quello esterno sul presupposto che l'attività di prevenzione è destinata ad avere un impatto ampio, che comprende anche la protezione della salute del cittadino-lavoratore e l'integrità della sua sfera vitale. Il testo dell'art. 41, co. 2, Cost. (modificato dalla l. cost. n. 1/2022) ha riconosciuto la tutela della salute e dell'ambiente tra i beni giuridici che non possono essere incisi dalla libertà economica e d'impresa.

La correlazione tra l'ambiente interno e quello esterno è apparsa evidente con la pandemia da Covid-19, quando un rischio sanitario generico, che riguarda tutta la popolazione, è stato affrontato e gestito, all'interno dei luoghi di lavoro, come un rischio lavorativo. Si tratta, infatti, di un rischio per la salute che è comune a tutta la collettività, ma comporta un aggravamento del pericolo di contagio a carico del cittadino-lavoratore (cfr. *infra* Cap. 3).

Salute (art. 2, co. 1, lett. *o*), T.U. 2008): si deve in gran parte alla fonte normativa europea l'affermazione d'un concetto ampio e onnicomprensivo di salute della persona che lavora. In passato riferita solo all'integrità fisica, la nozione di salute si è successivamente arricchita con la considerazione del profilo psichico/psicologico e relazionale, per aprirsi infine alla condizione di **benessere** della persona nell'ambiente di lavoro.

A tale nozione ampia s'ispira la definizione legislativa che allude ad «uno stato di completo benessere fisico, mentale e sociale, non consistente solo in un'assenza di malattia o d'infermità».

Non si tratta solo d'un rimodellamento concettuale, che pure è importante: infatti, si può considerare acquisita una nozione «globale» di salute del lavoratore nel senso indicato nelle fonti europee ed internazionali (spec. Organizzazione Mondiale della Sanità – OMS). Nella prospettiva della tutela integrale del diritto alla salute, il T.U. 2008, la legislazione e la contrattazione collettiva hanno portato alla luce l'esistenza di rischi psico-sociali, i fenomeni di *stress* e le molestie morali nell'ambiente di lavoro (cfr. Cap. 3, § 4).

Valutazione dei rischi (art. 2, co. 1, lett. *q*), T.U. 2008): in coerenza con l'art. 6 della direttiva-quadro 391/89/CEE, il legislatore individua il compito principale del datore di lavoro e il perno sul quale si fonda il sistema di prevenzione aziendale. La valutazione dei rischi lavorativi generati da ogni organizzazione produttiva richiede una «valutazione globale e documentata», riferita a «tutti i rischi per la salute e sicurezza dei lavoratori presenti nell'ambito dell'organizzazione». La finalità è quella di «individuare le adeguate misure di prevenzione e protezione» ed «elaborare il programma delle misure atte a garantire il miglioramento nel tempo dei livelli di salute e sicurezza». La valutazione comporta un processo dinamico, che segue l'evoluzione e le modificazioni della rischiosità nell'ambiente di lavoro, e punta al progressivo miglioramento nel tempo dello *standard* di prevenzione.

Responsabilità sociale delle imprese (art. 2, lett. *ff*), T.U. 2008): tra i concetti-chiave della sicurezza sul lavoro viene evocata anche la responsabilità sociale dell'impresa (RSI), definita per la prima volta dal legislatore italiano in coerenza con gli indirizzi europei (cfr. Commissione europea, *Libro Verde per promuovere un quadro europeo per la responsabilità sociale delle imprese*, COM(2001)366 def.; Comunicazione della Commissione sulla *Strategia rinnovata dell'Ue per il periodo 2011-2014 in materia di responsabilità sociale delle imprese* – COM(2011)681 def.).

La definizione della RSI ricalca fedelmente quella europea: «integrazione volontaria delle preoccupazioni sociali ed ecologiche delle aziende e organizzazioni nelle loro attività commerciali e nei loro rapporti con le parti interessate».

Si tratta di una formula che ha plurime applicazioni, ma quando è riferita all'attività prevenzionistica significa che – al di là dell'adempimento alle norme di legge – le imprese sono invitate ad assumere volontariamente iniziative, comportamenti e prassi idonee a migliorare i livelli di protezione dei lavoratori. Il legislatore italiano (come quello europeo) è consapevole del fatto che un'autentica cultura della sicurezza e un approccio promozionale possono conseguire risultati migliori rispetto all'irrigidimento normativo e alla minaccia della sanzione.

Capitolo Secondo

I destinatari e l'ambito di applicazione della tutela della salute e sicurezza sul lavoro

1. Il campo di applicazione e i destinatari della tutela prevenzionistica

Il campo di applicazione del T.U. 2008 è davvero molto ampio. Anzitutto, la disciplina prevenzionistica riguarda «tutti i settori di attività, privati e pubblici» e tutte le tipologie di rischio professionale (art. 3, co. 1, d. lgs. n. 81/2008).

Disposizioni particolari riguardano i settori elencati dall'art. 3, co. 2, T.U. 2008 (ad es., Forze armate e di Polizia, Arma dei Carabinieri, Vigili del Fuoco, Strutture Giudiziarie e penitenziarie, Università, Istituti di istruzione), nei quali occorre tener conto delle «effettive particolari esigenze connesse al servizio espletato o alle peculiarità organizzative». A tal fine, si rinvia all'emanazione di appositi decreti ministeriali che dettano norme di adeguamento e di dettaglio.

Dal punto di vista soggettivo, il campo di applicazione del sistema normativo di prevenzione trova il suo perno nella definizione di «**lavoratore**» (art. 2, co. 1, lett. *a*), T.U. 2008). Tale nozione individua la persona che svolge un'attività lavorativa nell'organizzazione di un datore di lavoro pubblico o privato, a prescindere dal tipo o dalla forma contrattuale, nonché dalla presenza o meno di un corrispettivo economico per l'attività svolta, quindi anche al solo scopo di formazione e apprendimento.

Da tale ampia nozione sono espressamente esclusi gli addetti ai servizi domestici e familiari, come previsto dalla direttiva-quadro europea del 1989: tale esclusione, molto criticata in dottrina, risponde probabilmente all'esigenza di non accollare gravosi obblighi prevenzionistici alle famiglie, ma è sempre meno giustificata alla luce del progressivo incremento della domanda di servizi di cura e domiciliari. Maggiori tutele in tema di informazione, formazione e valutazione dei rischi dei lavoratori domestici sono sollecitate dalle istituzioni internazionali, in particolare da parte dell'OIL (cfr. Convenzione n. 189 del 2011 sul lavoro dignitoso per lavoratrici e lavoratori domestici e la correlata Raccomandazione n. 201 sul lavoro dignitoso per lavoratrici e lavoratori domestici; OIL, Ufficio per l'Italia, *Il lavoro domestico durante l'emergenza da COVID-19*, aprile 2020).

La principale caratteristica della nozione di «lavoratore» consiste nel riferimento sostanziale alla persona che si trova assoggettata al rischio generato dall'organizzazione produttiva. Si spiega in questa logica anche l'elenco dei c.d. **soggetti equiparati** che, pur non essendo lavoratori subordinati, risultano sottoposti al medesimo rischio nell'ambiente di lavoro (soci lavoratori; tirocinanti; studenti universitari, allievi degli istituti di istruzione e partecipanti a corsi di formazione professionale che utilizzino attrezzature, sostanze pericolose o frequentino laboratori).

L'ambito soggettivo di applicazione del T.U. 2008, tuttavia, supera l'area del lavoro subordinato e dei soggetti c.d. equiparati. Con un'affermazione di principio molto impegnativa, il legislatore stabilisce che la tutela dev'essere rivolta «a tutti i lavoratori e lavoratrici, **autonomi e subordinati**, nonché ai soggetti ad essi equiparati», sia pure con le specificazioni e le modulazioni che sono tassativamente previste dallo stesso T.U. 2008 (art. 3, co. 4).

Una specifica disciplina prevenzionistica riguarda le **attività di volontariato** e si applica nei confronti di volontari, di coloro che effettuano il servizio civile e svolgono attività a favore di associazioni di promozione sociale, associazioni sportive dilettantistiche e associazioni religiose. Tali soggetti sono considerati alla stregua dei lavoratori autonomi, ai quali si rivolge l'art. 21, T.U. 2008. In aggiunta, però, l'organizzazione di volontariato è tenuta ad assicurare «dettagliate informazioni» sui rischi specifici esistenti nei luoghi in cui il volontario dovrà operare e sulle misure di prevenzione e gestione delle emergenze. Nell'ipotesi di interferenza con altre attività, l'organizzazione o l'associazione dovrà adottare le «misure utili» per eliminare o almeno ridurre la presenza di rischi (art. 1, co. 12-*bis*, T.U. 2008).

2. La tutela della salute e sicurezza nei lavori flessibili

La prevenzione dei rischi professionali viene graduata e modulata dal legislatore in alcune occasioni (ad es., il distacco del lavoratore), per le forme di **lavoro c.d. flessibile** (ad es., somministrazione di personale; lavoro intermittente; lavoro accessorio), per le modalità di lavoro attraverso l'uso delle tecnologie (ad es., il lavoro a distanza con collegamento informatico e telematico: art. 3, co. 10, T.U. 2008).

In tali ambiti, il legislatore è intervenuto allo scopo di ripartire o distribuire gli obblighi prevenzionistici (ad es., tra l'agenzia di somministrazione e l'utilizzatore), e non di rado per alleggerire i vincoli a carico del datore di lavoro (ad es., per quanto riguarda la semplificazione della documentazione di sicurezza e gli adempimenti in materia di formazione: cfr. art. 3, co. 13-*bis* e co. 13-*ter*, T.U. 2008). Tuttavia, è stato precluso l'utilizzo delle principali forme di flessibilità del lavoro quando non sia stata previamente effettuata la valutazione di rischi e sia assente il documento aziendale di sicurezza (ad es., in relazione all'adozione del contratto a termine, del lavoro intermittente, della somministrazione di personale).

Una ripartizione degli obblighi di tutela riguarda l'istituto del comando o **distacco dei lavoratori**, pubblici e privati (art. 3, co. 6, T.U. 2008). Il datore di lavoro che procede al distacco ha il dovere di fornire al lavoratore le informazioni e la formazione relativa ai rischi tipici e generalmente connessi alle mansioni che saranno svolte presso l'organizzazione del datore distaccatario. Tutti gli altri obblighi di sicurezza restano a carico della struttura organizzativa (pubblica o privata) che ospita il lavoratore in regime di distacco. Del resto, la condizione di rischiosità alla quale il lavoratore si trova sottoposto è generata (e deve essere governata) dall'organizzazione presso cui si svolge l'attività in distacco.

Una regola simile si applica anche nell'ipotesi della **somministrazione di personale**, in quanto gli obblighi di prevenzione vengono ripartiti tra l'agenzia di somministrazione e il datore di lavoro utilizzatore.

Da un lato, l'agenzia di somministrazione informa i lavoratori sui rischi connessi alle attività produttive e assicura l'addestramento necessario all'uso delle attrezzature per lo svolgimento dell'attività per la quale sono assunti (anche se il contratto di somministrazione di personale può stabilire che tale obbligo sia adempiuto dal soggetto utilizzatore). D'altro lato, l'impresa utilizzatrice adempie, nei confronti dei lavoratori somministrati, ai medesimi obblighi di prevenzione e protezione cui è tenuta, per legge e per contratto collettivo, nei confronti dei propri dipendenti (art. 35, co. 4, d. lgs. n. 81/2015). In effetti, una volta attuata la somministrazione, non c'è alcuna differenza, quanto alla presenza di rischi professionali, tra i lavoratori somministrati e i dipendenti dell'impresa utilizzatrice.

Nei confronti dei lavoratori che effettuano prestazioni di **lavoro occasionale** (già definito dal legislatore «occasionale e accessorio») verso corresponsione dei c.d. buoni lavoro (cfr. art. 54-*bis*, d.l. n. 50/2017, conv. in l. n. 96/2017), le misure di prevenzione si applicano solo quando la prestazione sia svolta a favore di un committente professionista o imprenditore. Negli altri casi (ad es., quando le prestazioni siano rese a persone fisiche e famiglie), i lavoratori occasionali sono considerati alla stregua dei lavoratori autonomi ai quali si applica esclusivamente l'art. 21, T.U. 2008. Peraltro, è stato previsto un più ampio, pressoché completo, esonero dal dovere di applicare la disciplina prevenzionistica rispetto a particolari tipologie di attività svolte in modo occasionale (ad es., assistenza domiciliare; piccoli lavori domestici a carattere straordinario; insegnamento privato supplementare) (art. 3, co. 8, d. lgs. n. 81/2008).

Quanto al **lavoro intermittente**, che prevede l'espletamento di prestazioni in modo discontinuo o per periodi predeterminati, non sono stabilite dal T.U. 2008 apposite regole di prevenzione. In verità, l'esposizione al rischio del lavoratore intermittente è analoga a quella degli altri lavoratori dell'impresa, tuttavia, la breve durata e, appunto, l'intermittenza della prestazione lavorativa possono determinare un'accentuazione dei comuni fattori di rischio. Pertanto, la disciplina di questa forma di lavoro (art. 15, d. lgs. n. 81/2015) introduce uno specifico obbligo d'informazione a carico del datore, il quale deve indicare nel contratto individuale le «misure di sicurezza necessarie in relazione al tipo di attività» assegnata al lavoratore intermittente (obbligo ribadito dal d. lgs. n. 104/2022).

3. L'applicazione del T.U. 2008 nel lavoro autonomo e parasubordinato

L'estensione della tutela prevenzionistica al di fuori dall'area della subordinazione ha consentito di applicare, a favore del **lavoro autonomo e parasubordinato**, alcune specifiche tutele (anche se abbastanza limitate): ad es., in materia di formazione, uso dei dispositivi di protezione

(DPI), sicurezza delle attrezzature di lavoro, fruizione della sorveglianza sanitaria.

Vero è che gli oneri economici connessi all'applicazione di tali misure di tutela sono in prevalenza poste a carico dello stesso lavoratore autonomo. In particolare, la formazione in materia di sicurezza e la sorveglianza sanitaria in relazione ai rischi sono «in facoltà» del lavoratore autonomo e, in ogni caso, ricadono economicamente in capo allo stesso (art. 21, co. 2, T.U. 2008).

In una condizione non dissimile si trovano i coltivatori diretti, i soci delle società semplici operanti nel settore agricolo, gli artigiani e i piccoli commercianti: tutti questi soggetti sono accomunati dalla disciplina prevista dall'art. 21, d. lgs. n. 81/2008. Altrettanto può dirsi – come si è già osservato (cfr. § 1) – per le attività dei volontari (art. 3, co. 12-*bis*, T.U. 2008) e per il lavoro occasionale tramite buoni lavoro che sia prestato favore di soggetti non imprenditoriali (art. 3, co. 8, T.U. 2008).

Ciò significa che l'area del lavoro autonomo, nella quale la normativa di protezione raggiunge un'operatività solo parziale, tende in modo progressivo ad ampliarsi, anche per effetto delle assimilazioni compiute dagli interventi legislativi finalizzati ad un alleggerimento degli oneri collegati alla sicurezza per determinate tipologie di attività.

In relazione alle prestazioni svolte in regime di autonomia, l'art. 3, co. 11, d. lgs. n. 81/2008 ha previsto uno zoccolo minimo di garanzia, con la possibilità di richiamare (oltre all'art. 21, d. lgs. n. 81/2008) anche la disciplina di prevenzione prevista per l'appalto e per l'esternalizzazione di lavori, servizi e forniture, nelle ipotesi in cui il lavoratore autonomo o il professionista sia affidatario e abbia stipulato un contratto d'opera con il Committente (art. 26, d. lgs. n. 81/2008) (cfr. Cap. 7).

Una parziale applicazione della tutela della salute e sicurezza riguarda, inoltre, il lavoro parasubordinato e, in particolare, le **collaborazioni coordinate e continuative** di cui all'art. 409, n. 3, c.p.c.

Quando la prestazione del collaboratore si svolga nell'ambito dei luoghi di lavoro del Committente trova una completa applicazione il T.U. 2008. In tale situazione, infatti, il collaboratore coordinato e continuativo si trova esposto al medesimo rischio al quale sono sottoposti i lavoratori che sono alle dipendenze del Committente (art. 3, co. 7, d. lgs. n. 81/2008). Viceversa, in ogni altra ipotesi – cioè, quando l'attività sia eseguita all'esterno dei locali dell'impresa committente – la tutela del collaboratore è limitata alle misure previste dall'art. 21, T.U. 2008 per il lavoro autonomo.

Si tratta, peraltro, di una protezione giuridica largamente insufficiente nei confronti di collaboratori che, pur se autonomi, si trovano in una condizione di debolezza contrattuale e di dipendenza economica rispetto al Committente.

Si potrebbe inoltre obiettare che la normativa non tiene conto delle collaborazioni che si svolgono in modo ibrido, in parte all'interno e in parte all'esterno dei locali dell'impresa committente. Ma soprattutto è la nozione giuridica di «luogo di lavoro» che appare in profonda trasformazione, tenuto conto dei nuovi modelli organizzativi dell'impresa e dell'impiego intensivo delle tecnologie. La norma dovrebbe, quindi, essere interpretata con necessaria elasticità, anche perché limitare o circoscrivere la tutela del collaboratore in ragione della sua frequentazione o meno dei locali fisici dell'impresa committente appare troppo riduttivo.

Un discorso diverso riguarda i collaboratori coordinati e continuativi che prestano un'attività (etero)organizzata dal Committente attraverso i suoi poteri imprenditoriali (art. 2, co. 1, d. lgs. n. 81/2015).

I **collaboratori etero-organizzati**, infatti, si trovano in una condizione giuridica e fattuale che attenua ulteriormente la loro autonomia (rispetto ai collaboratori di cui all'art. 409, n. 3, c.p.c.), perciò il legislatore ha direttamente riconosciuto l'applicazione di tutta la disciplina del lavoro subordinato, senza eccezioni.

Dunque, sebbene il T.U. 2008 non consideri espressamente queste figure di collaboratori autonomi ed etero-organizzati dal Committente, è assicurata loro un'integrale tutela prevenzionistica in forza del rinvio *ex lege* e automatico alla regolamentazione del lavoro subordinato.

4. La prevenzione dei rischi nel lavoro a distanza

La normativa prende in considerazione la tutela della salute e sicurezza dei lavoratori subordinati che effettuano prestazioni a distanza, mediante un collegamento informatico o telematico.

Il legislatore allude, in primo luogo, ai telelavoratori pubblici e privati (come individuati dal D.p.r. n. 70/1999 e dall'accordo-quadro europeo sul telelavoro 16 luglio 2002), ma la definizione normativa del lavoro a distanza è, in realtà, molto ampia e consente di ricomprendere tutte le forme di lavoro che si svolgono da remoto avvalendosi di strumenti tecnologici (art. 3, co. 10, d. lgs. n. 81/2008).

Secondo la definizione dell'accordo-quadro del 2002, stipulato dai sindacati europei (CES, UNICE/UEAPME e CEEP), il **telelavoro** si svolge fuori dai locali dell'impresa, normalmente al domicilio del lavoratore. L'accordo europeo è stato recepito in Italia dall'accordo interconfederale del 9 giugno 2004, ma la contrattazione collettiva (anche aziendale) ha previsto la sperimentazione di altre varianti: come il telelavoro c.d. satellitare, adottato da alcuni enti pubblici (ad es., INPS), che consente al dipendente di svolgere le proprie mansioni da una qualunque struttura dell'ente, in modo da ridurre/annullare il tempo dello spostamento casa-ufficio.

Il datore di lavoro è responsabile della tutela della salute e della sicurezza ed è tenuto ad informare il telelavoratore delle politiche aziendali in materia di prevenzione, in particolare in ordine all'esposizione al rischio nell'uso del videoterminale. Al fine di verificare la corretta applicazione delle misure di tutela, il datore di lavoro, le rappresentanze dei lavoratori e/o le autorità competenti hanno accesso al luogo in cui viene svolto il telelavoro: tale accesso è subordinato a preavviso e al consenso del lavoratore se si tratta di telelavoro domiciliare.

La disciplina del T.U. 2008 ricalca in gran parte le previsioni dell'accordo-quadro europeo e del successivo accordo interconfederale di recepimento.

Ai lavoratori che prestano la propria attività a distanza si applicano le misure del Titolo VII relativo al lavoro mediante videoterminali e, nell'ipotesi in cui il datore fornisca gli strumenti tecnologici per la prestazione a distanza (anche a mezzo di terzi soggetti), questi devono essere conformi ai requisiti di sicurezza previsti dal Titolo III per le attrezzature di lavoro. Il lavoratore a distanza può richiedere ispezioni per verificare la corretta attuazione della disciplina prevenzionistica, ma anche il datore di lavoro, RLS e organi pubblici di vigilanza possono accedere al luogo dove si svolge la prestazione, previo consenso del lavoratore quando si tratti del suo domicilio.

La prestazione a distanza espone a rischi di natura psico-sociale, in particolare derivanti dalla condizione di isolamento rispetto ai lavoratori interni all'azienda. Pertanto, a carico del datore è stata prevista l'adozione di misure organizzative dirette a prevenire la solitudine e l'isolamento, consentendo al lavoratore da remoto di partecipare alla comunità di lavoro e di accedere alle informazioni che riguardano la vita aziendale.

In seguito all'introduzione del **lavoro agile** con l. n. 81/2017, il catalogo delle forme di lavoro a distanza si è ampliato. In questa occasione, il legislatore ha dettato alcune regole specifiche in materia di salute e sicurezza, senza peraltro preoccuparsi di stabilire un puntuale raccordo con il T.U. 2008. Sorge pertanto il dubbio se la disciplina dettata per questa particolare modalità lavorativa abbia un carattere speciale ed eventualmente derogatorio rispetto alla normativa generale.

Trattandosi di una modalità di esecuzione del lavoro subordinato definita con accordo tra le parti (secondo l'art. 18, co. 1, l. n. 81/2017), sarebbe ragionevole ritenere che la tutela dello *smart worker* non possa deviare o derogare rispetto alle regole generali, salvo gli adattamenti richiesti dalle caratteristiche della prestazione che si svolge senza precisi vincoli di orario o di luogo. Eppure, alcune interpretazioni propendono per la soluzione opposta, considerando esaustiva la disciplina dettata per il lavoro agile e in grado di escludere l'applicazione del T.U. 2008, limitando così l'obbligo di sicurezza all'assolvimento di alcuni adempimenti *ad hoc*.

In base alla normativa del lavoro agile, infatti, il datore è tenuto ad assicurare il buon funzionamento degli strumenti tecnologici forniti al lavoratore, nonché a consegnare a quest'ultimo e al RLS, con cadenza almeno biennale, un'informativa scritta nella quale sono individuati i rischi generici e specifici connessi all'attività da remoto. Al contempo, il lavoratore agile è tenuto a cooperare attivamente all'attuazione delle misure di prevenzione predisposte dal datore per fronteggiare i rischi connessi alla prestazione eseguita all'esterno dei locali aziendali. L'art. 22, l. n. 81/2017 non aggiunge altro.

È lecito tuttavia dubitare dell'esonero rispetto all'applicazione della normativa generale, che ha natura inderogabile ed è assistita da un apparato sanzionatorio penale. Una circolare INAIL (n. 48 del 2017) ha richiamato l'obbligo datoriale di applicare, quanto meno, il Titolo III del T.U. 2008 relativo alla sicurezza delle attrezzature di lavoro e all'uso dei dispositivi individuali di protezione (DPI). A queste previsioni si potrebbe aggiungere anche il Titolo VII che riguarda la sicurezza del lavoro ai videoterminali e l'art. 3, co. 10, d. lgs. n. 81/2008 che introduce misure di contrasto del rischio di isolamento per tutti i lavoratori che effettuano un'attività mediante un collegamento informatico o telematico (cfr. Cap. 3, § 5).

Per ragioni di coerenza, inoltre, si ritiene che sussista un dovere di garantire nel tempo la sicurezza degli strumenti tecnologici assegnati al lavoratore agile anche assicurando un'adeguata manutenzione. In aggiunta alle scarne previsioni della l. n. 81/2017, la contrattazione collettiva ha previsto talora l'introduzione di interventi formativi specifici a favore degli *smart workers* e il dovere di fornire un'informativa completa sulle politiche aziendali in materia prevenzionistica.

5. La salute e sicurezza dei lavoratori delle piattaforme digitali

Una delle principali domande di tutela emerse nell'economia digitale riguarda la salute e la sicurezza sul lavoro: ancora prima di rivendicare un preciso *status* occupazionale, i lavoratori digitali e i loro movimenti collettivi hanno denunciato la rischiosità che deriva dalle modalità organizzative e dalle condizioni di lavoro stabilite dalle piattaforme.

Studi affidabili dell'Agenzia Europea per la salute e sicurezza confermano che il lavoro svolto nella nuova economia digitale e nella c.d. *gig-economy* può comportare una serie di rischi – nuovi e preesistenti – specie per i lavoratori assoggettati ai modelli di gestione del lavoro che la sociologia definisce con il termine «taylorismo digitale» (EU-OSHA, *Digital platform work and occupational safety and health: a review*, European Risk Observatory, 2021; Id., *Digitalizzazione e salute e sicurezza sul lavoro. Un programma di ricerca*, 2020; Id., *La tutela dei lavoratori nell'economia delle piattaforme digitali: una panoramica degli sviluppi normativi e politici nell'Ue. Osservatorio europeo dei rischi*, 2017; Id., *A review on the future of work: online labour exchanges, or 'crowdsourcing': implications for occupational safety and health*, 2015; Eurofound, *Employment and working conditions of selected types of platform work*, 2018).

Le tipologie di rischio sono almeno in parte comuni a quelle dei lavoratori flessibili (spec. quelli temporanei, intermittenti, occasionali) ed è un dato acquisito che per queste fasce di popolazione del mercato del lavoro si registrano tassi di infortuni e di malattie professionali generalmente più elevati. In aggiunta, coloro che si avvalgono in modo continuativo di tecnologie – telelavoratori, *smart workers* e lavoratori delle piattaforme – sono sottoposti a rischi ulteriori e specifici, derivanti dalla forte individualizzazione della prestazione svolta da remoto, nonché dalle particolari condizioni ambientali. La giurisprudenza, ad esempio, ha riconosciuto l'esistenza di un rischio per la salute dei *riders* correlato alle elevate temperature della stagione estiva, sino a condannare la piattaforma digitale ad adottare le misure preventive e protettive indicate dall'INAIL nel Progetto Worklimate per la gestione del rischio caldo (cfr. Trib. Palermo 3 agosto 2022; Id., 18 agosto 2022). In coincidenza con le trasformazioni del lavoro nel contesto digitale sono anche i fattori di natura psico-sociale ad assumere un particolare rilievo, includendo il tecno-*stress*, l'iper-connessione e la dipendenza dai dispositivi tecnologici, il sovraccarico cognitivo, la ripetitività e la monotonia delle micro-attività commissionate dalle piattaforme, il prolungamento e l'intensificazione del tempo di lavoro.

Con l'esperienza della pandemia da Covid-19 e la diffusione del lavoro digitale si è registrato un ulteriore incremento della tipologia dei rischi. La **proposta di direttiva europea sul lavoro tramite piattaforma** ha sottolineato l'impatto potenzialmente dannoso dei sistemi automatizzati e che si avvalgono di algoritmi, i quali sono in grado di esercitare forti sollecitazioni e pressioni indebite («*undue pressure*») sulla salute fisica e psicologica dei lavoratori (*Proposal for a Directive of The European Parliament and of The Council on improving working conditions in platform work* – COM(2121)762 final).

Nel quadro della strategia per lo sviluppo del mercato digitale (*Strategia per il mercato unico digitale in Europa* (COM(2015)0192), le istituzioni europee hanno adottato un approccio di massima favorevole al riconoscimento dei diritti fondamentali dei lavoratori, a partire dalla tutela della salute e sicurezza. In particolare, va ricordato uno dei principi-chiave del *Pilastro europeo dei diritti sociali* che ha sancito il diritto della persona di fruire di «condizioni di lavoro sane e sicure» e di un «elevato livello di tutela della sicurezza e salute», affidando agli ordinamenti nazionali il compito di promuovere una tutela che tenga conto dei «metodi di lavoro connessi alla digitalizzazione e agli altri sviluppi tecnologici» (cfr. *Risoluzione del Parlamento europeo 19 gennaio 2017 su un pilastro europeo dei diritti sociali (2016/2095(INI)*).

Nell'ordinamento giuridico interno la questione della salute e della sicurezza del lavoro su piattaforma è stata sinora collegata all'inquadramento del lavoratore nell'economia digitale. Nel senso che l'applicabilità della disciplina del T.U. 2008 è stata condizionata al riconoscimento della natura giuridica del lavoro svolto tramite *web*.

Sul punto va richiamato l'art. 2, co. 1, d. lgs. n. 81/2008 (mod. *ex* d.l. n. 101/2019, conv. in l. n. 129/2019) che ha previsto la possibilità di qualificare il lavoratore digitale come collaboratore coordinato, continuativo ed etero-organizzato «qualora le modalità di esecuzione della prestazione siano organizzate mediante piattaforme anche digitali». Nello stesso senso si è orientata la giurisprudenza di legittimità che – nella vicenda relativa al lavoro dei ciclofattorini (*riders*) del settore *food delivery* – ha confermato tale inquadramento (Cass. lav., 24 gennaio 2020, n. 1663), che comporta l'applicazione integrale della disciplina prevenzionistica, in quanto l'art. 2, co. 1, d. lgs. n. 81/2015 estende a questa modalità lavorativa tutte le tutele, nessuna esclusa, che sono proprie del lavoro subordinato.

Ma il legislatore si è spinto anche oltre, agevolando un ampliamento progressivo dell'operatività della disciplina prevenzionistica nell'economia digitale. Un intervento significativo è stato previsto con l'art. 47-*septies*, co. 3, d. lgs. n. 81/2015 (introdotto dalla l. n. 128/2019) a favore dei **fattorini digitali autonomi**, cioè coloro che svolgono una prestazione occasionale o saltuaria in regime di autonomia. Secondo tale disposizione, la piattaforma digitale che assume il ruolo di committente del servizio di trasporto o consegna di beni nel contesto urbano è tenuta al rispetto integrale del T.U.2008, anche nei confronti dei lavoratori che operano in modo autonomo.

L'adozione delle misure di prevenzione e protezione deve avvenire, come per i lavoratori subordinati, a cura del committente e senza alcun onere economico a carico dei *riders*. Inoltre, quale ulteriore conferma, il legislatore ha previsto uno specifico diritto d'informazione: il lavoratore digitale ha diritto di ricevere dalla piattaforma committente «ogni informazione utile per la tutela (...) dei diritti e della sicurezza» (cfr. art. 47-*ter*, co. 1, d. lgs. n. 81/2015).

I dubbi sull'applicabilità del T.U. 2008 stati superati anche per effetto dell'indirizzo giurisprudenziale che si è affermato durante il periodo di *lockdown* per l'emergenza da Covid-19. I giudici del lavoro, infatti, hanno riconosciuto che a favore dei *riders* autonomi addetti al trasporto o alla consegna di beni nel perimetro urbano dev'essere applicata integralmente la disciplina prevenzionistica, inclusi i presìdi per contenere il rischio pandemico.

In tal modo, viene assicurato nell'area del lavoro autonomo il medesimo *standard* di protezione della salute e sicurezza che è proprio del lavoro subordinato, con l'unico limite rappresentato dal fatto che l'estensione della tutela riguarda solo i ciclofattorini digitali che operano nel settore della consegna di beni in ambito urbano (così come descritti dal legislatore).

A rigore, in base al dettato letterale della norma, rimangono esclusi dall'effetto estensivo della tutela i lavoratori che prestano altre tipologie di servizi rispetto a quello descritto dal legislatore (trasporto e consegna di beni in ambito urbano) oppure svolgono differenti attività tramite piattaforma. Per questi ultimi, potranno trovare applicazione le misure (più circoscritte) previste dal T.U. 2008 a favore del lavoro para-subordinato, salvo che si possa qualificare il rapporto di lavoro come subordinato oppure come collaborazione continuativa ed etero-organizzata, ottenendo così il pieno riconoscimento della tutela prevenzionistica.

6. Verso un ampliamento del campo di applicazione della tutela prevenzionistica

Va particolarmente sottolineata la rilevanza della dichiarazione di principio contenuta nell'art. 3, co. 4, d. lgs. n. 81/2008, secondo cui la normativa prevenzionistica è destinata a «**tutti i lavoratori e alle lavoratrici, subordinati e autonomi, nonché ai soggetti ad essi equiparati**».

L'esigenza di abbandonare le tradizionali contrapposizioni tra il lavoro autonomo e quello subordinato è stata rilevata da tempo, magari prendendo a prestito l'approccio empirico e pragmatico adottato da altri ordinamenti europei. Non è solo il differenziale di potere negoziale o lo squilibrio socio-economico tra le parti del contratto di lavoro a generare di per sé il bisogno di protezione, ma è soprattutto la presenza d'un rischio effettivo per la persona che lavora ad esigere la predisposizione dei mezzi di tutela.

Da questo punto di vista, è condivisibile l'indirizzo accolto da una parte della giurisprudenza che tende a comprendere nell'area della prevenzione tutti i soggetti coinvolti nel processo produttivo, senza distinzione tra i lavoratori subordinati e non, sino ad includere le persone estranee alla compagine aziendale che però si trovino occasionalmente sottoposte al medesimo rischio che incombe sui lavoratori. Il criterio di collegamento (e di delimitazione) della responsabilità del datore di lavoro è rappresentato dall'organizzazione aziendale, e riguarda i soggetti che svolgono prestazioni a vario titolo a favore della stessa organizzazione, oppure sono funzionalmente connessi ad essa in qualità di fornitori, clienti, utenti.

Tale prospettazione, avanzata in termini forse un po' sbrigativi, risulta tuttavia plausibile anche sul piano teorico generale, traendo legittimazione dai principi costituzionali che impongono la garanzia del lavoro «in tutte le sue forme e applicazioni» (art. 35, co. 1, Cost.). Non si può negare che il diritto inviolabile alla salute debba essere protetto in qualsiasi ambiente produttivo e per tutte le persone che prestano la propria attività lavorativa.

Certo, non si vuol sostenere che l'inserimento del lavoratore subordinato nell'organizzazione aziendale (con i peculiari vincoli di tempo, durata e luogo della prestazione) non esiga mezzi di tutela puntuali e specifici da parte del datore di lavoro. Si vuol dire piuttosto che le eventuali differenze nel livello di protezione sono individuabili non già *a priori*, a partire dalla qualificazione giuridica del rapporto di lavoro ovvero dalla forma contrattuale utilizzata, ma semmai rilevano *a posteriori*, in considerazione dell'effettiva esposizione o meno della persona alla fonte di rischio generata dall'organizzazione aziendale.

La *vis espansiva*, oltre i confini del lavoro subordinato, può rivelarsi utile per accordare protezione nei confronti delle modalità di lavoro emergenti nell'economia digitale e nei sistemi produttivi intelligenti (*riders*; *crowdworkers*): là dove si moltiplicano le figure professionali ibride e gli *status* intermedi tra il regime giuridico dell'autonomia e della subordinazione.

Questo indirizzo estensivo è chiaramente recepito dal *Pilastro europeo dei diritti sociali*, che promuove l'introduzione nel diritto europeo di «un nucleo di diritti sociali» per tutti i lavoratori «indipendentemente dal tipo di contratto o rapporto di lavoro». La Risoluzione del Parlamento europeo ha invitato la Commissione a predisporre misure concrete per tutelare efficacemente il diritto di tutti i lavoratori a «condizioni di lavoro sane e sicure»: tali misure concrete «dovrebbero basarsi su una valutazione d'impatto che rifletta le attuali conoscenze in materia di rischi per la salute e la sicurezza e tenendo conto dei nuovi metodi di lavoro connessi alla digitalizzazione e ad altri sviluppi tecnologici» (cfr. *Pilastro europeo dei diritti sociali*, *sub* Condizioni di lavoro, punto 7).

In sintesi, il sistema di tutela della salute e sicurezza sul lavoro dovrebbe essere ri-centrato sulla persona che lavora. Sinora il legislatore e la giurisprudenza hanno proceduto con progressive estensioni e ampliamenti del campo di applicazione della normativa prevenzionistica, nella direzione del lavoro autonomo coordinato e continuativo, del lavoro autonomo etero-organizzato e, in generale, nei confronti del lavoro autonomo debole (ad es., dei *riders*). Ma il diritto alla salute e alla sicurezza va ripensato come diritto della persona, e non già come un diritto collegato all'uso degli strumenti di lavoro o ad un determinato ambiente di lavoro. Neppure è in questione l'eventuale debolezza contrattuale della persona nel mercato del lavoro (nel senso che un lavoratore debole dovrebbe essere tutelato più di un altro): la tutela della salute – come si è constatato durante il periodo della pandemia da Covid-19 – ha carattere universale perché attiene alla persona, e non è riferibile né al *deficit* di potere contrattuale né alla presenza in un determinato ambiente di lavoro.

Non c'è dubbio che il T.U. 2008 sia stato concepito per la protezione all'interno dei luoghi di lavoro, anche se – con una forte anticipazione sui tempi – la tutela prevenzionistica è stata ancorata anzitutto al fattore organizzativo del lavoro. Del resto, ormai da tempo la giurisprudenza (incluso quella penale) ha rilevato che deve intendersi come "luogo di lavoro" ovunque ci sia una persona che lavora: ciò induce a superare l'idea di una disciplina prevenzionistica incentrata sulle cose, e a pensare invece alla persona che lavora.

In decisa controtendenza rispetto all'ampliamento dell'ambito della tutela si pone invece la norma che introduce dei limiti rispetto al **computo dei lavoratori**. L'art. 4, T.U. 2008, infatti, stabilisce dei criteri di computo che abbassano il livello occupazionale e impediscono il raggiungimento della soglia richiesta per l'applicazione di determinati obblighi: ad es., il numero di dipendenti che fa scattare l'obbligo di istituire un Servizio di Prevenzione e Protezione all'interno dell'impresa (art. 32); oppure la soglia occupazionale che determina il numero e le modalità di individuazione dei Rappresentati dei lavoratori per la sicurezza (art. 47); o ancora, il numero degli occupati nell'impresa o nell'unità produttiva che rende necessaria la convocazione della riunione periodica per la sicurezza (art. 35).

Ai fini del computo dei dipendenti (per verificare il superamento o meno della soglia occupazionale richiesta), non si tiene conto dei lavoratori in prova, degli assunti a tempo determinato in sostituzione di altri lavoratori assenti, dei tirocinanti, dei lavoratori occasionali e di quelli autonomi, dei collaboratori coordinati e continuativi (purché non svolgano la loro attività in regime di esclusiva con il committente), dei volontari. Mentre i lavoratori in regime di somministrazione e i *part-timer* sono computati parzialmente, cioè sulla base del numero di ore effettivamente prestate nell'arco di un semestre (una disciplina analoga riguarda i lavoratori del settore agricolo, anche stagionali). Si tratta di un lungo elenco di lavoratori che non sono computabili nell'organico dell'impresa.

È intuibile l'obiettivo perseguito dal legislatore – quello di alleggerire gli oneri a carico delle imprese – ma è indubbio che la norma sul computo dei dipendenti si ponga in aperto contrasto con la previsione che intende applicare il T.U. 2008 a favore di tutti i lavoratori «indipendentemente dalla tipologia contrattuale ... con o senza retribuzione» (art. 2, co. 1, lett. *a*). Senza considerare che l'operatività della disciplina prevenzionistica per l'intera platea dei lavoratori dell'impresa o dell'unità produttiva viene di fatto condizionata dalla presenza o meno di determinate figure di lavoratori (evidentemente considerate marginali o residuali dal legislatore), senza alcuna attinenza con la rischiosità dell'attività lavorativa, sulla quale invece deve fondarsi l'azione prevenzionistica del datore di lavoro.

Capitolo Terzo

L'obbligo di sicurezza e la prevenzione nei luoghi di lavoro

1. Il contenuto dell'obbligo di sicurezza e la nozione evolutiva del rischio lavorativo

Nonostante la tendenziale completezza del quadro normativo stabilito dal T.U. 2008, il sistema di prevenzione trova ancora il suo fondamento principale nell'art. 2087 c.c. che definisce l'obbligo generale di tutela della persona che lavora, con riguardo ai suoi beni giuridici primari: l'integrità psicofisica e la personalità morale.

Si è già rilevato, del resto, che la definizione dell'attività di prevenzione fornita dall'art. 2, T.U. 2008 recepisce pressoché alla lettera il dettato dell'art. 2087 c.c., integrandolo con i doveri ulteriori di rispettare la salute della popolazione e l'integrità dell'ambiente esterno. La norma del Codice civile si trova così incastonata nel sistema normativo della prevenzione, di cui costituisce tuttora l'elemento essenziale e fondante, conservando nel corso del tempo la sua efficacia e la forza innovativa. Questa norma, infatti, svolge un duplice ruolo: come base giuridica dell'obbligo generale di sicurezza che si colloca all'interno della relazione contrattuale tra datore e lavoratore, e come direttrice d'indirizzo e di sviluppo del sistema di prevenzione.

I criteri di riferimento per l'adempimento dell'obbligo di sicurezza, previsti dall'art. 2087 c.c., sono: la particolarità del lavoro, l'esperienza e la tecnica (e, si può aggiungere, la tecnologia). Attraverso questi riferimenti il contenuto dell'obbligo datoriale si mantiene aperto all'evoluzione dei fattori di rischio e si adegua costantemente all'insorgenza e allo sviluppo delle situazioni rischiose. Ciò spiega perché la giurisprudenza consolidata (civile e penale) sia solita definire l'art. 2087 c.c. come «regola di chiusura del sistema prevenzionistico», in quanto la norma è idonea ad assicurare la continua auto-integrazione e l'aggiornamento progressivo delle misure di protezione.

I parametri di misura dell'obbligo di sicurezza (che definiscono l'intensità e l'estensione dell'obbligo giuridico *ex* art. 2087 c.c.) – la particolarità del lavoro, l'esperienza e la tecnica/tecnologia – non dipendono dalla percezione soggettiva del datore di lavoro, ma hanno carattere oggettivo e consentono di individuare *ex ante* quali mezzi di protezione devono essere adottati. In sostanza, al datore si chiede di utilizzare le misure di tutela che sono tecnicamente adeguate, conformandosi alla regola della diligenza professionale che riguarda tutti gli operatori economici (cfr. art. 1176, co. 2, c.c.).

Come ha precisato la Corte costituzionale (sent. n. 312/1996), i parametri giuridici dell'esperienza e della tecnica/tecnologia fanno riferimento alle pratiche comunemente diffuse nel ceto imprenditoriale dei differenti settori produttivi. In altri termini, non si pretende un impegno o uno sforzo eccezionale: «il legislatore si riferisce alle misure che, nei diversi settori e nelle differenti lavorazioni, corrispondono ad applicazioni tecnologiche generalmente praticate e ad accorgimenti organizzativi e procedurali altrettanti generalmente acquisiti». Pertanto, la responsabilità datoriale (anche sul piano penale) va ricondotta all'omissione o alla deviazione dei comportamenti rispetto agli "*standard*" di sicurezza propri, in concreto e al momento, delle diverse attività produttive».

Il T.U. 2008 ribadisce che il dovere di applicare la normativa prevenzionistica riguarda tutti i settori produttivi e le attività lavorative, ma concerne anche «**tutte le tipologie di rischio**» (art. 3, co. 1, d. lgs. n. 81/2008). Ciò significa che l'obbligo di sicurezza deve coprire l'intero ambito della rischiosità nell'ambiente lavorativo.

Va ricordato, infatti, che la Corte di giustizia europea ha condannato l'Italia per l'errata trasposizione della direttiva-quadro 89/391/CEE – in quanto nella normativa nazionale l'obbligo di sicurezza risultava formalmente limitato ai rischi derivanti da attrezzature, sostanze e preparati chimici – ed ha richiesto al legislatore una puntuale prescrizione del dovere di valutare «tutti» i rischi presenti nei luoghi di lavoro (CgCE, sez. V, n. 49/2001, C-49/00).

Secondo tale giurisprudenza, i rischi lavorativi «non sono stabiliti una volta per tutte, ma si evolvono costantemente in funzione, in particolare, del progressivo sviluppo delle condizioni di lavoro e delle ricerche scientifiche». Pertanto, il contenuto dell'obbligo posto a carico del datore di lavoro deve ritenersi di natura dinamica, in quanto si aggiorna e si ri-definisce continuamente in relazione all'evoluzione concreta dei fattori di rischio.

La **nozione di rischio** è descritta come la «probabilità di raggiungimento del livello potenziale di danno nelle condizioni di impiego o di esposizione ad un determinato fattore o agente oppure alla loro combinazione» (art. 2, co. 1, lett. *s*), d. lgs. n. 81/2008). Mentre la **nozione di pericolo** attiene, più propriamente, alla «proprietà o qualità intrinseca di un determinato fattore avente il potenziale di causare danni» (art. 2, co. 1, lett. *r*), d. lgs. n. 81/2008).

Entrambe le nozioni, tuttavia, non lasciano emergere con sufficienza chiarezza il loro carattere evolutivo nel mondo della produzione e del lavoro, un carattere che risulta sempre più accentuato soprattutto per effetto del progresso scientifico e tecnologico.

2. I c.d. «rischi nuovi ed emergenti»

Da tempo gli studi e i documenti europei sottolineano il carattere evolutivo dei rischi negli ambienti di lavoro. Occorre considerare, in particolare, le **tipologie di rischi «nuovi ed emergenti»** che si stanno affermando nelle organizzazioni produttive e nei settori economici avanzati: ad es., nell'economia digitale, nella *green economy* e nel settore delle energie rinnovabili (cfr. INAIL, *Proposte e riflessioni per una politica condivisa di tutela della salute e sicurezza nel settore delle energie rinnovabili*, 2017; EU-OSHA, *Lavori verdi e sicurezza e salute sul lavoro. Previsioni sui rischi nuovi ed emergenti correlati alle nuove tecnologie entro il 2020*, 2013).

S'intende, per rischio «nuovo», un fattore potenzialmente lesivo della salute e sicurezza del lavoratore che è generato da processi produttivi avanzati o dall'introduzione di tecnologie innovative o dalla modernizzazione organizzativa; tuttavia anche un rischio già noto e conosciuto, ma percepito in modo differente dal lavoratore può considerarsi tale. Viceversa il rischio «emergente» è determinato da un fattore dannoso in potenziale diffusione, in quanto aumentano le condizioni pericolose che lo predispongono oppure crescono i livelli di esposizione dei lavoratori a tale fattore, o ancora aumenta il numero delle persone che sono potenzialmente coinvolte.

Una fonte di rischio in rapido aumento è rappresentata dal **rischio tecnologico (o da ignoto tecnologico)**. Numerose ricerche a livello europeo sottolineano la rischiosità per i lavoratori causata dall'introduzione di nuovi strumenti di produzione (ad es., stampa 3D e mezzi di prototipazione rapida), dalle tecnologie digitali, dalla robotica e dall'intelligenza artificiale (AI) (cfr. SCENIHR – Scientific Committee on Emerging and Newly-Identified Health Risks, *Position Statement on Emerging and Newly Identified Health Risks to be Drawn to the Attention of the European Commission*, 2014; European Parliament, Committee on Legal Affairs, *Draft Report with Recommendations to the Commission on Civil Law Rules on Robotics (2015/2103(INL))*.

Si segnalano altresì i rischi connessi all'interazione collaborativa tra l'attività umana e le tecnologie robotiche (c.d. cobot), all'interfaccia uomo-macchina (HMI), all'uso crescente delle tecnologie di monitoraggio destinate al tracciamento della *performance* lavorativa per soddisfare esigenze di sicurezza ed ottimizzazione organizzativa (c.d. EPM-*Electronic Performing Monitoring*) (cfr. EU-OSHA, *Monitoring Technologies: the 21st Century's Pursuit of Well-Being?*, 2017).

Gli studi dell'Agenzia Europea per la salute e sicurezza (EU-OSHA) hanno rivolto una particolare attenzione all'utilizzo crescente di eso-scheletri (ES) nella produzione industriale e ai rischi inediti che vi sono connessi.

Gli ES sono attrezzature e tecnologie robotiche indossabili dal lavoratore o comunque integrabili con le funzioni umane, e dunque con l'attività lavorativa. Il loro carattere polifunzionale consente un duplice impiego, come attrezzature dirette ad aumentare l'efficienza e abbattere i tempi di lavoro, ma anche come dispositivi di protezione individuale (DPI), in quanto possono ridurre l'affaticamento e il rischio di sviluppare patologie muscolo-scheletriche. Da questo punto di vista, sebbene la questione sia ancora molto discussa, gli ES potrebbero avere un'utile applicazione anche nell'attività di prevenzione, ad es., rispetto al rischio derivante da sovraccarico biomeccanico (cfr. EU-OSHA, *The impact of using exoskeletrons on occupazionale safety and health*, 2019; *Occupational exoskeletrons: weareable robotic devices to prevent work-related muscoloskeletal disorders in the workplace of the future*, 2020).

Il differente inquadramento degli ES – come attrezzature di lavoro oppure come dispositivi individuali di protezione – ha ovviamente conseguenze differenti in termini di norme applicabili (l'art. 69, T.U. 2008 che definisce le attrezzature di lavoro, mentre l'art. 74 individua i DPI). Peraltro, secondo un'interpretazione, dal raffronto delle rispettive definizioni normative si ritiene emerga una relazione di genere a specie, nel senso che il dispositivo individuale di protezione non sarebbe altro che una particolare attrezzatura di lavoro provvista di una specifica finalità protettiva. Pertanto, si afferma che non avrebbe senso escludere gli ES dalla categoria dei DPI e adottare un approccio negativo nei confronti del loro impiego.

Resta il fatto che gli studi medico-scientifici non sono unanimi riguardo ai vantaggi in termini prevenzionistici derivanti dall'utilizzo degli ES, mentre pare confermato che il loro uso intensivo o prolungato sia suscettibile di generare rischi di tipo psicologico e nella sfera emotiva (ad es., *stress* e disturbi d'ansia). Occorre, dunque, una valutazione concreta dello scopo e degli effetti derivanti dall'impiego degli ES nell'ambiente di lavoro, senza poter adottare *a priori* un inquadramento giuridico univoco.

Il tradizionale concetto di rischio lavorativo (in quanto direttamente connesso al ciclo aziendale, alle materie prime e ai mezzi produttivi) s'è modificato anche attraverso l'elaborazione della giurisprudenza, che ha progressivamente ricompreso nell'ambito della prevenzione aziendale alcuni rischi che sono, di per sé, esterni all'ambiente di lavoro. Si tratta, ad esempio, dei **rischi connessi all'attività illecita e criminosa di terzi**, i quali possono considerarsi rilevanti per determinate attività produttive che si trovano particolarmente esposte ad aggressioni esterne (ad es., banche; attività economiche aperte al pubblico; strutture sanitarie).

Secondo i giudici del lavoro, l'obbligo di sicurezza deve includere anche le misure di prevenzione e protezione che, secondo criteri di comune esperienza, possono salvaguardare i dipendenti da azioni criminose da parte di terzi, quando queste rientrino nell'ambito della normale prevedibilità ed evitabilità. In tale prospettiva, la linea di confine tra il rischio lavorativo e quello extra-lavorativo diviene mobile, mentre assume un rilievo preminente l'effettiva capacità di gestione prevenzionistica da parte del datore di lavoro.

Considerazioni in parte analoghe possono svolgersi con riguardo al c.d. **rischio geopolitico**. Con questo termine si allude ad eventi politicamente indotti (ad es., terrorismo, guerra, instabilità del governo) che abbiano la capacità di provocare rischi a carico della salute e sicurezza dei lavoratori.

Questo tipo di rischio riguarda, in particolare, i lavoratori che svolgono la propria attività all'estero o sono inviati in trasferta, specie nei Paesi dove le specifiche condizioni locali e ambientali aumentano il comune livello di rischio. La Commissione per gli Interpelli del Ministero del lavoro, in relazione all'attività del personale navigante delle compagnie aeree, ha ritenuto che il datore di lavoro debba valutare tutti i rischi, compresi quelli potenziali, e i peculiari rischi ambientali connessi alla situazione geopolitica e alle condizioni sanitarie del Paese che abbiano la ragionevole e concreta possibilità di realizzarsi in occasione dell'attività lavorativa (Commissione per gli Interpelli n. 11/2016). In simili ipotesi, i rischi generici e comuni alla popolazione, perché collegati alla situazione geopolitica o sanitaria, risultano aggravati per i lavoratori.

3. Il contenimento del rischio pandemico

Durante l'emergenza determinata dalla diffusione del virus Covid-19 si è ampiamente dibattuto sulla natura del rischio pandemico e sulla possibilità di ricondurre questo nuovo rischio nell'ambito dell'attività prevenzionistica del datore di lavoro.

Secondo una prima interpretazione, trattandosi di un rischio generico che grava indistintamente su tutta la popolazione, la competenza a valutare e fronteggiare la nuova fonte di danno per la salute sarebbe esclusivamente di competenza delle autorità pubbliche, senza poter accollare al datore di lavoro alcun obbligo di tutela, né tanto meno alcuna responsabilità in caso di contagio del lavoratore. Una diversa tesi, invece, ha sostenuto che sebbene il pericolo sanitario incomba sull'intera collettività, i lavoratori subiscono un aggravamento del rischio generico poiché aumentano le occasioni di contagio nell'ambiente di lavoro (oppure nel tragitto per raggiungerlo). Peraltro, le stesse modalità di esecuzione della prestazione potrebbero determinare un'accentuazione del rischio sanitario.

Qualche interprete ha sottolineato che la famiglia dei *Coronavirus* è già ricompresa nel T.U. 2008, Allegato XLVI, anche se la previsione riguarda precisamente le prestazioni di lavoro che comportano un'esposizione specifica al rischio biologico (ad es., per il personale medico e sanitario). Tuttavia, non va trascurato che l'art. 271, co. 4, d. lgs. n. 81/2008 prevede l'obbligo di applicare le misure di protezione anche nelle attività produttive che «pur non comportando la deliberata intenzione di operare con agenti biologici possono implicare il rischio di esposizione dei lavoratori». Sarebbe dunque irragionevole escludere l'applicazione della normativa prevenzionistica in relazione al rischio di contagio; al contrario, il datore di lavoro sarebbe tenuto ad integrare l'analisi dei rischi aziendali per tener conto del rischio pandemico e ad aggiornare il relativo documento di valutazione (DVR).

In termini operativi, la gestione del rischio da Covid-19 è stata attuata attraverso i Protocolli nazionali anti-contagio, stipulati dal Governo e dalle parti sociali, che hanno stabilito le principali misure cautelari e di protezione rispetto al pericolo di diffusione e di contagio (cfr. Protocollo condiviso del 14 marzo 2020, integrato con successivi accordi del 24 aprile 2020, del 6 aprile 2021 e del 30 giugno 2022). I documenti protocollari hanno definito soprattutto le misure di carattere organizzativo per la tutela della salute dei lavoratori: come la rimodulazione degli spazi aziendali, un sicuro posizionamento delle postazioni di lavoro, l'articolazione degli orari e la turnazione per ridurre le occasioni di contatto stretto.

Il legislatore è poi intervenuto per recepire ed estendere *erga omnes* l'efficacia dei Protocolli (cfr. art. 1, co. 14, d.l. n. 33/2020, conv. in l. n. 74/2020). Si era dubitato, infatti, della loro cogenza e vincolatività sul piano giuridico, considerata l'origine negoziale e la sottoscrizione delle parti sociali.

Un ulteriore incentivo all'applicazione dei Protocolli è stato introdotto con l'art. 29-*bis*, d.l. n. 23/2020 (conv. in l. n. 40/2020): norma che ha chiarito il profilo (eventuale) della responsabilità datoriale. Secondo tale disposizione, i datori di lavoro, pubblici e privati, adempiono all'obbligo di sicurezza dell'art. 2087 c.c. mediante l'applicazione delle prescrizioni contenute nei Protocolli condivisi dalle parti sociali, a condizione che sia assicurata l'applicazione effettiva e concreta di tali prescrizioni.

In dottrina è stata espressa l'opinione secondo cui l'osservanza dei Protocolli anti-contagio sarebbe idonea ad esonerare il datore di lavoro da ogni responsabilità, civile e penale, in caso di infezione contratta dal lavoratore. Tuttavia, l'art. 29-*bis*, d.l. n. 23/2020 non pare in grado di svolgere una simile funzione di esonero: resta fermo, infatti, l'obbligo generale dell'art. 2087 c.c., che potrà operare in via sussidiaria, cioè a completamento e specificazione della tutela dei lavoratori, anche perché appare inevitabile un'opera di adattamento delle misure stabilite dai Protocolli in relazione alla concreta situazione aziendale.

I timori sollevati con riguardo al possibile aumento delle responsabilità datoriali in materia prevenzionistica sono stati notevolmente attenuati con l'intervento dell'INAIL, che ha riconosciuto la natura professionale del rischio pandemico. L'art. 42, co. 2, d.l. n. 18/2020 (conv. in l. n. 27/2020) ha attribuito all'INAIL il compito di indennizzare gli eventi accertati di infezione da Covid-19 ricollegabili all'occasione di lavoro. Con le successive circolari (n. 13 e n. 22 del 2020), l'Istituto ha qualificato l'infezione virale come «infortunio sul lavoro» (e non già come malattia, a causa della sua origine virulenta), tenuto conto della ragionevole ed elevata probabilità di contagio nel luogo di lavoro. Ad evitare nuovi allarmi sul versante della responsabilità datoriale, l'INAIL ha precisato che i presupposti giuridici per il riconoscimento del diritto all'indennizzo a favore del lavoratore contagiato non possono confondersi con i presupposti della responsabilità penale e civile, i quali devono essere rigorosamente accertati secondo le regole che definiscono la colpa datoriale.

4. La gestione dei rischi nuovi ed emergenti: dal principio di prevenzione a quello di precauzione

La gestione dei rischi nuovi ed emergenti, e soprattutto dei c.d. rischi da ignoto tecnologico, si rivela molto complessa. Come dimostrano gli studi dell'Agenzia europea (EU-OSHA), è dalla combinazione di innumerevoli variabili che può emergere una rischiosità di carattere "potenziale" nell'ambiente di lavoro, con un diverso grado d'incidenza sulle fasce di popolazione lavorativa (giovani, anziani, donne, disabili). È, questa, la principale caratteristica dei rischi c.d. nuovi ed emergenti: il fatto di collegarsi all'introduzione di tecnologie innovative, prodotti e sostanze pericolose, ma anche quello di esercitare un impatto non uniforme e univoco sui differenti gruppi di lavoratori.

Al contempo la dinamica demografica, l'allungamento della vita professionale e le politiche che agevolano la permanenza al lavoro e l'invecchiamento attivo richiedono un costante adeguamento delle misure di protezione dai rischi, secondo un approccio rivolto a favorire la sostenibilità del lavoro lungo tutta la vita professionale (Eurofound, *Sustainable Work over the Life Course*: *Concept paper*, 2015).

In questa prospettiva, nel modello sociale europeo si va affermando un altro principio che è destinato a sviluppare un notevole impatto sulle legislazioni nazionali e si aggiunge a quello di prevenzione, che viceversa risulta applicabile solo alle fonti di rischio conosciute e conoscibili. Si tratta del principio di «**precauzione e dell'azione preventiva**» sancito dall'art. 191, co. 2, TFUE con riguardo alla politica ambientale dell'Unione.

Tale principio è in grado di modificare il rapporto tra il lavoro ed i fattori di rischio ignoto o non perfettamente conosciuti (e pertanto non prevedibili), in quanto ancora privi di evidenze empiriche e di conferme scientifiche quanto agli effetti pregiudizievoli a carico delle persone che lavorano. La precauzione si accompagna inoltre al dovere, parimenti stabilito dalla norma europea, di «correzione dei danni alla fonte» e della riduzione al minimo dei rischi per la salute (nel senso dell'eliminazione del rischio alla fonte e, ove ciò non sia possibile, della minimizzazione del suo impatto).

Come dare un contenuto concreto all'attività precauzionale?

L'applicazione del principio di precauzione implica l'osservanza di un criterio di proporzionalità tra le misure adottate e lo *standard* di tutela stabilito dal Trattato dell'Unione europea, l'analisi costi-benefici e l'attenzione ai progressi scientifici nello svolgimento dell'attività di precauzione. Secondo l'indirizzo della Corte di giustizia, le autorità nazionali sono tenute ad «adottare provvedimenti appropriati al fine di prevenire i rischi potenziali per la sanità pubblica, per la sicurezza e l'ambiente, facendo prevalere le esigenze connesse alla protezione di tali interessi sugli interessi economici» (Causa *The Queen co. Secretary of State for Health*).

Forse non è casuale che un'analoga raccomandazione sia espressa anche nella direttiva-quadro 89/391/CEE, secondo cui il miglioramento del livello di salute e sicurezza nei luoghi di lavoro «rappresenta un obiettivo che non può dipendere da considerazioni di carattere puramente economico» (*Considerando* 13).

Pur senza evocare esplicitamente il principio di precauzione, la Commissione europea ha sottolineato l'esigenza di «prevedere i potenziali effetti negativi delle nuove tecnologie sulla salute e sicurezza dei lavoratori»: da un lato, sviluppando le conoscenze scientifiche e la raccolta di dati empirici sulla diffusione dei rischi nuovi ed emergenti; dall'altro, sollecitando le imprese a valutare le conseguenze derivanti dai cambiamenti organizzativi, dai lavori flessibili, dalla differente composizione della forza lavoro (*Comunicazione della Commissione europea sul quadro strategico dell'Unione per il periodo 2014-2020* – COM(2014)332, final).

Il principio di precauzione opera direttamente nel settore della tutela ambientale e riguarda la politica legislativa dell'Unione e degli Stati membri. Tuttavia è forte la tentazione di enucleare dal TFUE una regola operativa che sia valida anche per il settore della salute e sicurezza sul lavoro. Ci si chiede, inoltre, se il dovere di precauzione possa già ottenere ingresso nell'ordinamento italiano attraverso la norma "aperta" dell'art. 2087 c.c. che stabilisce, in termini generali, l'obbligo di protezione del datore di lavoro.

Si obietta, tuttavia, che la normativa nazionale vigente non potrebbe includere un obbligo di natura precauzionale, considerato che il T.U. 2008 è stato elaborato all'insegna della prevedibilità del rischio lavorativo (e non considera, invece, i rischi solo potenziali, non esattamente previsti o prevedibili). La principale critica nei confronti del principio di precauzione riguarda la sua intraducibilità in una precisa regola di comportamento che il datore di lavoro sarebbe tenuto ad osservare. Di qui l'impossibilità d'individuare in anticipo il contenuto della misura precauzionale da adottare, con la conseguenza di accollare – sul piano della responsabilità civile (o anche penale) – l'inosservanza d'un precetto che avrebbe un contenuto indeterminato/indeterminabile.

A dispetto di queste difficoltà teorico-concettuali, un indirizzo della giurisprudenza ha cominciato da qualche tempo a sperimentare l'applicazione del principio precauzionale in materia di salute e sicurezza sul lavoro. Nel caso giudiziario forse più emblematico – quello dell'esposizione dei lavoratori all'amianto – i giudici penali si sono spinti sino a riconoscere il «parametro del rischio» quale fondamento della colpa del datore di lavoro, sul presupposto che non occorra attendere una precisa legge scientifica di copertura ove già esista una generica previsione di lesività/dannosità d'un determinato fattore di rischio. Anche i giudici civili e amministrativi hanno talora richiamato il principio di precauzione nelle vicende relative al *mobbing* e ai rischi psico-sociali nell'ambiente di lavoro, rilevando che la mancanza di norme esplicite non esclude l'obbligo di valutare le situazioni di rischio con estrema cautela e prudenza.

Persino il T.U. 2008 sembra evocare il principio di precauzione quando stabilisce che, «se vi è il *minimo dubbio* sulla presenza di amianto in un materiale o in una costruzione, si applicano le disposizioni» di protezione dei lavoratori (cfr. art. 248, co. 2, d. lgs. n. 81/2008). La prescrizione della cautela opera «al minimo dubbio»: nel senso che, a prescindere dalla prova dell'esistenza del pericolo e dei suoi potenziali effetti dannosi, il datore di lavoro è tenuto comunque a comportarsi come se il pericolo fosse presente e ad agire sull'ipotesi del rischio. Non diversamente dispone l'art. 274, T.U. 2008 che richiede di prestare una «particolare attenzione» nella valutazione dei rischi nelle strutture sanitarie e veterinarie, «alla *possibile* presenza di agenti biologici».

Le preoccupazioni sinora espresse dalla dottrina per la tenuta dei fondamenti della responsabilità civile (e soprattutto penale) del datore di lavoro sono più che legittime. Nondimeno, in alcuni campi e settori economici la via indicata dal principio di precauzione resta pressoché obbligata e, al momento, senza alternative. Così si esprimono le istituzioni europee rispetto ai rischi generati dal fenomeno della digitalizzazione, dalla robotica, dall'*Internet of Things* e dall'intelligenza artificiale, raccomandando che la ricerca tecnologica si svolga «in accordance with the precautionary principle», anticipando il potenziale impatto sulla sicurezza «assumendo le dovute precauzioni» (*European Parliament, Committee on Legal Affairs*, 2015/2103(INL).

Non manca poi qualche disposizione (già operativa) che sembra ispirarsi al principio di precauzione: ad es., in relazione ai compiti prevenzionistici del datore di lavoro e dei dirigenti, il T.U. 2008 contempla un preciso obbligo di «assumere appropriati provvedimenti per evitare che le tecniche (ma, si può aggiungere, le tecnologie) applicate nei processi produttivi possano causare rischi per la salute della popolazione o deteriorare l'ambiente esterno, verificando periodicamente la perdurante assenza di rischio» (art. 18, lett. *q*), d. lgs. n. 81/2008). È un obbligo con un contenuto puntuale, oltre tutto provvisto d'una ricaduta sul piano sanzionatorio penale. Dunque, non va inteso come una mera raccomandazione, poiché si tratta di una norma dal contenuto aperto che può trovare attraverso il ricorso al principio di precauzione la definizione degli «appropriati provvedimenti» da assumere.

Il principio di precauzione è stato espressamente richiamato anche dai Protocolli anti-contagio stipulati per fronteggiare l'emergenza sanitaria da Covid-19 (cfr. Cap. 3, § 2). Tanto la regolamentazione normativa, quanto i Protocolli condivisi con le parti sociali hanno introdotto misure di contenimento del rischio pandemico che sono esplicitamente improntate alla «logica della precauzione» (così, il Protocollo 14 marzo 2020). Le misure di protezione, infatti, sono coerenti alla prospettiva precauzionale rispetto alla nuova fonte di rischio sanitario, in relazione alla quale mancano (tuttora) conoscenze scientifiche certe e validate empiricamente.

Simili misure precauzionali – per loro natura rivolte alla salvaguardia di un bene fondamentale della persona in un contesto attuale d'incertezza scientifica – esigono un'applicazione secondo criteri di proporzionalità e di adeguatezza. Nondimeno il loro carattere doveroso è indubbio, ed è ricollegabile, secondo una tesi, all'obbligo di sicurezza dell'art. 2087 c.c. oppure, secondo altra interpretazione, alla legislazione emergenziale che ha recepito ed esteso l'efficacia dei Protocolli stipulati dalle parti sociali.

5. La prevenzione dei rischi psico-sociali del lavoratore

Nell'ampia categoria dei rischi c.d. nuovi ed emergenti, una collocazione a parte va riservata ai rischi di carattere psico-sociale e relazionale.

Le numerose indagini svolte dalle istituzioni europee hanno portato alla luce i fenomeni di *stress, tecno-stress e burn-out*, di *mobbing, di straining* e le molestie morali nei luoghi di lavoro. Crescente attenzione ha acquisito anche il *bore-out*, ovvero la sindrome da noia, che identifica un disturbo psicologico in grado di provocare malattie fisiche, causato soprattutto dal sovraccarico mentale o dal carico di lavoro inadeguato che è caratteristico di buona parte del lavoro digitale.

L'Agenzia europea per la salute e sicurezza (EU-OSHA) rileva che i fattori di rischio di questo tipo sono difficili da valutare e da prendere in carico nell'attività di prevenzione, soprattutto per le imprese di minori dimensioni (EU-OSHA, *Managing psychosocial risks in European micro and small enterprises: Qualitative evidence from the Third European Survey of Enterprises on New and Emerging Risks (ESENER 2019)*, 2022; *Seconda indagine europea tra le imprese sui rischi nuovi ed emergenti* – ESENER 2 – del 2016).

Nell'ordinamento italiano la nozione giuridica di **rischio psico-sociale** è tutt'altro che chiara ed univoca. Il legislatore ha preferito rinunciare ad una precisa individuazione e s'è limitato a richiamare espressamente lo *stress* lavoro-correlato, rinviando alla normativa europea e, in particolare, all'accordo-quadro dei sindacati europei 8 ottobre 2004, recepito in Italia dall'accordo interconfederale 9 giugno 2008 (art. 28, co. 1, d. lgs. n. 81/2008).

La mancata tipizzazione normativa viene considerata una delle principali cause dei ritardi nella prevenzione dei rischi di tale natura nei luoghi di lavoro. Ciò peraltro non ha scoraggiato i tentativi di classificazione.

Un primo orientamento distingue il fenomeno dello *stress* lavoro-correlato dai comportamenti illeciti e imputabili al datore di lavoro (ad es., *mobbing*, *burn-out*, *stalking* e molestie psicologiche). La conseguenza di tale impostazione è duplice: anzitutto, si esclude dall'obbligo di prevenzione ogni forma di violenza e vessazione nei confronti del lavoratore, in quanto si tratterebbe di comportamenti volontari e addebitabili alla responsabilità personale, eventualmente anche di tipo penale, del datore di lavoro. In secondo luogo, si ritiene che le molestie psicologiche, per loro natura, non ammettano una strategia di prevenzione e si nega – specie a proposito del *mobbing* – che si possa parlare d'un autentico "rischio da lavoro", a differenza del rischio da *stress* lavoro-correlato che sarebbe riconducibile ai difetti dell'organizzazione aziendale, rispetto ai quali sono possibili interventi di prevenzione e di tutela.

Un opposto indirizzo interpretativo predilige una nozione ampia di *stress* lavoro-correlato, considerato come il prototipo dell'ampia gamma di rischi psico-sociali: il riferimento contenuto nell'art. 28, co. 1, d. lgs. n. 81/2008 sarebbe in grado di esercitare una forza attrattiva nei confronti dell'intera tipologia dei rischi psico-sociali, ancorché non nominati espressamente dal T.U. 2008. In tal senso è orientata anche la giurisprudenza del lavoro che valorizza il carattere aperto dell'obbligo di sicurezza dell'art. 2087 c.c.: di conseguenza, l'elenco dei rischi professionali da valutare assumerebbe un carattere solo esemplificativo poiché il legislatore richiama – «in particolare» – lo *stress* lavoro-correlato, senza alcuna finalità selettiva o restrittiva.

Conferme del carattere onnicomprensivo della prevenzione dei rischi psico-sociali derivano, in realtà, da una pluralità di indicazioni contenute nel T.U. 2008. Basta evocare la nozione di salute, che è da intendersi come uno «stato di completo benessere fisico, mentale e sociale» (art. 2, co. 1, lett. *o*), d. lgs. n. 81/2008), mentre le «misure generali» della tutela prevenzionistica comprendono esplicitamente i principi ergonomici applicati nell'organizzazione del lavoro, oltre a richiamare «l'influenza dei fattori dell'ambiente» lavorativo (art. 15, d. lgs. n. 81/2008).

La giurisprudenza ha ammesso una specifica responsabilità risarcitoria a carico del datore per i danni causati alla sfera personale e socio-relazionale del lavoratore. Risalgono ai primi anni Duemila le sentenze che hanno liquidato i danni di natura non patrimoniale in caso di usura psico-fisica e di "superlavoro", ed è stata prevista la risarcibilità del danno c.d. esistenziale, quale pregiudizio socio-relazionale che trova il suo fondamento nel riconoscimento costituzionale dei diritti inviolabili della persona umana (art. 2 Cost.). La responsabilità risarcitoria è stata riconosciuta, inoltre, nei casi di *mobbing*, *stalking*, *straining* e, in generale, in relazione alle condotte vessatorie o persecutorie, anche se poste in essere dai colleghi della vittima.

L'elevato contenzioso giudiziario sui danni non patrimoniali alla persona del lavoratore ha suggerito di spostare il *focus* della protezione sul piano assicurativo-sociale. Con una Circolare INAIL (n. 71/2003) è stata prevista la possibilità di riconoscere e indennizzare le patologie di origine professionale causate o con-causate in modo prevalente dai rischi psico-sociali nell'ambiente di lavoro. L'INAIL ha fornito una definizione – in via amministrativa – dei rischi psico-sociali, qualificati come «situazioni di incongruenza delle scelte in ambito organizzativo» e come «costrittività organizzative» in grado di determinare condizioni lavorative penose, ostili o umilianti per la dignità del lavoratore. Secondo la Circolare, anche il fenomeno del *mobbing* può costituire un rischio di tipo psico-sociale ed essere riconosciuto come causa di una malattia professionale indennizzabile, quando le azioni illecite poste in essere dal datore siano in grado di provocare una «costrittività» (c.d. mobbing organizzativo).

L'iniziativa assunta dall'INAIL ha incontrato l'opposizione delle associazioni imprenditoriali che hanno agito per l'annullamento in sede giudiziaria della Circolare. Tuttavia, il legislatore ha dovuto includere (quanto meno) lo *stress*-lavoro correlato nell'obbligo di sicurezza del datore di lavoro, imponendo il rispetto dei contenuti dell'accordo europeo del 2004 (cfr. art. 28, co. 1, d. lgs. n. 81/2008). Le "proposte metodologiche" e i "manuali d'uso" per la valutazione del rischio da *stress* sono proliferati in grande quantità, viceversa un minore impegno è stato dedicato all'individuazione di misure preventive – di carattere organizzativo, ergonomico, procedurale e tecnologico – per eliminare gli altri rischi psico-sociali (e, tra questi, il *mobbing* lavorativo).

Un deciso ampliamento della prevenzione dei rischi psico-sociali è stato attuato dalla legge di ratifica della Convenzione OIL sulla **violenza e le molestie nei luoghi di lavoro** (cfr. l. n. 4/2021).

Secondo la Convenzione, s'intende per «violenza e molestie» nell'ambiente di lavoro «un insieme di pratiche e di comportamenti inaccettabili, o la minaccia di porli in essere … che si prefiggano, causino o possano comportare un danno fisico, psicologico, sessuale o economico, e include la violenza e le molestie di genere» (art. 1).

Con la sottoscrizione della Convenzione OIL, i Paesi riconoscono che i fenomeni di violenza e di molestie costituiscono una violazione dei diritti umani e sono incompatibili con la parità di genere e la dignità del lavoro. S'impegnano pertanto ad adottare discipline e misure di protezione che prevedano l'inclusione della violenza e delle molestie (e dei rischi psico-sociali correlati) nella gestione prevenzionistica, con la consultazione delle rappresentanze dei lavoratori.

Va segnalata, in particolare, l'ampiezza del campo di applicazione della Convenzione OIL, che comprende, oltre ai lavoratori e alle lavoratrici (a prescindere dal loro *status* contrattuale), le persone in formazione (come i tirocinanti e gli apprendisti), i volontari, coloro che sono in cerca di occupazione e persino i lavoratori licenziati.

6. Connettività e rischi psico-sociali

«La connettività è un fenomeno sociale» (CESE, *Telelavoro e parità di genere*, SOC/662, marzo 2021). Le forme di comunicazione attraverso dispositivi tecnologici e piattaforme digitali moltiplicano i contatti sociali ed arricchiscono l'*habitat* relazionale del lavoratore, ma allo stesso tempo lo rendono anche più instabile ed esposto alle aggressioni della sfera piscologica e sociale.

L'emergere di nuovi rischi in coincidenza con la trasformazione del lavoro nel contesto tecnologico (ad es., *tecno-stress*, *burn-out*) è un tema entrato da tempo nell'agenda delle istituzioni europee. Con l'esperienza della pandemia da Covid-19 e l'intensificarsi del lavoro da remoto si è registrato un aumento di questa tipologia di rischi: secondo la *Comunicazione della Commissione europea sul quadro strategico in materia di sicurezza 2021-2027*, le cause vanno ricercate nelle «tendenze associate al lavoro a distanza, come la connettività permanente, la mancanza di interazione sociale e un maggior utilizzo delle ICT».

La *policy* europea per contrastare la pervasività delle tecnologie si è concentrata, anzitutto, sulla promozione del **diritto individuale alla disconnessione**, di cui si riconosce la natura di diritto fondamentale della persona destinato a liberare il tempo extra-lavorativo e a coltivare spazi di socialità (cfr. *Risoluzione del Parlamento europeo 21 gennaio 2021 recante raccomandazioni alla Commissione sul diritto alla disconnessione, 2019/2181 (INL)*; Eurofound, *Right to disconnect: Exploring company practices*, 2021). Il diritto alla disconnessione del lavoratore digitale intende circoscrivere il flusso continuo dell'attività lavorativa e definire l'estensione massima del tempo di lavoro, così da assicurare un'effettiva interruzione della prestazione tra una giornata lavorativa e un'altra.

L'uso delle tecnologie e la diffusione del lavoro a distanza (ad es., *smart working*, lavoro tramite piattaforma digitale) hanno portato alla luce anche un altro rischio, di carattere psico-sociale, connesso alla **condizione di solitudine e di isolamento** del lavoratore che svolge la prestazione da remoto.

Il T.U. 2008 aveva già considerato un rischio di tale natura rispetto al telelavoro a domicilio e, in generale, nelle ipotesi in cui i lavoratori svolgano «una prestazione continuativa a distanza mediante collegamento informatico e telematico» (art. 3, co. 10, d. lgs. n. 81/2008). Al fine di mitigarne gli effetti negativi, è stata imposta «l'adozione di misure dirette a prevenire l'isolamento del lavoratore a distanza rispetto agli altri lavoratori interni all'azienda, permettendogli di incontrarsi con i colleghi e di accedere alle informazioni dell'azienda» (cfr. Cap. 2).

Si tratta, peraltro, di una disposizione dal contenuto un po'generico: poco più di una raccomandazione a non ostacolare le relazioni inter-personali e a consentire l'accesso dei lavoratori da remoto ai locali aziendali per coltivare i contatti con la comunità di lavoro.

Una maggiore attenzione verso il rischio dell'isolamento si coglie nei documenti europei, là dove ci si preoccupa della salute psicologica e del benessere lavorativo, sottolineando il fatto che la «mancanza di contatti personali e di spirito di collaborazione tra colleghi» rende i telelavoratori e gli *smart workers* «invisibili nella comunità di lavoro», privandoli del sostegno informale e delle relazioni inter-personali (CESE, *Telelavoro e parità di genere*, SOC/662, marzo 2021).

7. Tutela della salute e sicurezza sul lavoro nella prospettiva di genere

Il T.U. 2008 considera espressamente il fattore di genere in più luoghi: anzitutto, in relazione ai compiti assegnati al Sistema istituzionale pubblico; ai fini della promozione del genere nelle politiche di prevenzione su impulso della Commissione consultiva permanente (art. 6, co. 1, lett. *m*); per la raccolta dei dati e delle informazioni gestite dal SINP (art. 8, co. 6); in relazione alla trasmissione al Servizio sanitario nazionale dei dati aggregati, sanitari e di rischio, da parte del medico competente (art. 40, co. 1).

La disposizione più significativa, tuttavia, riguarda l'obbligo di valutazione dei rischi nell'ambiente di lavoro e la redazione del documento per la sicurezza: obblighi che incombono sul datore di lavoro e devono tener conto della differenza di genere. L'art. 28, co. 1, T.U. 2008 richiama, da un lato, i rischi «riguardanti le lavoratrici in stato di gravidanza» e, più in generale, i rischi lavorativi «connessi alle differenze di genere». Quest'ultimo fattore, peraltro, non identifica un gruppo specifico di lavoratori o lavoratrici, ma individua un elemento che è in grado di condizionare l'approccio prevenzionistico nei confronti di tutti i dipendenti, a prescindere dal genere.

Il d. lgs. n. 151/2001, Testo unico della maternità e paternità (artt. 6-15), aveva già sottolineato la connessione esistente tra la tutela della salute e il fattore di genere, riconoscendo una particolare tutela alla lavoratrice. In attuazione della direttiva 92/85/CEE, la normativa nazionale ha introdotto alcune disposizioni relative alla prevenzione dei rischi professionali delle lavoratrici in gravidanza. Sono state individuate alcune attività vietate, perché ritenute faticose o insalubri, in relazione alle quali il datore è tenuto a modificare le mansioni della lavoratrice, eventualmente adibendola a mansioni inferiori e meno pericolose, senza effetti negativi a suo carico. Qualora non siano disponibili mansioni idonee, l'Ispettorato del lavoro può disporre l'interdizione dal lavoro, sempre conservando alla lavoratrice il diritto alla retribuzione e alla qualifica professionale.

La normativa prevede, inoltre, una specifica valutazione dei rischi nel periodo della gravidanza ed entro 7 mesi di vita del figlio, con l'obbligo del datore di attuare tutte le misure per evitare l'esposizione a rischi, anche modificando le condizioni dell'attività lavorativa o l'orario di lavoro. Nel caso in cui il processo produttivo non consenta i necessari cambiamenti, dovrà essere data comunicazione all'Ispettorato del lavoro che potrà disporre l'interdizione della lavoratrice dallo svolgimento dell'attività pericolosa.

La Corte di giustizia è intervenuta a chiarire la *ratio* e le possibili implicazioni della normativa di tutela della lavoratrice. Con la sentenza 19 ottobre 2017 (C-531/15), confermata da una successiva del 19 settembre 2018 (C-41/17), ha stabilito che la valutazione dei rischi lavorativi dev'essere condotta in maniera approfondita e adeguata, allo scopo di assicurare una protezione efficace della lavoratrice e del bambino. La tutela richiede l'adozione di «trattamenti particolari», consistenti in una valutazione dei rischi che tenga conto delle condizioni fisiologiche connesse alla gravidanza e all'allattamento. Ciò costituisce un'espressione concreta del c.d. diritto diseguale, cioè una misura specifica per concretizzare il principio di uguaglianza: di conseguenza, l'omissione o il mancato adeguamento della valutazione dei rischi alle condizioni di gravidanza/allattamento costituiscono una discriminazione diretta fondata sul genere (art. 2, § 2, lett. *c*), dir. 2006/54/CEE).

Il fattore di genere non assume rilevo solo in occasione dell'evento della maternità, ma connota in maniera trasversale ogni attività umana. La tutela della persona va declinata in chiave di genere considerato che è scientificamente accertato – pur nell'ambito d'un approccio relativo alle cure sanitarie – che l'organismo maschile e quello femminile reagiscono in maniera differente alle alterazioni dello stato di salute (EU-OSHA, *Workforce Diversity and Musculoskeletal Disorders*, 2021; EU-OSHA–ISPESL, *Prospettive di genere applicate alla salute e sicurezza sul lavoro*, 2003; EU-OSHA, *New Risks and Trends in the Safety and Health of Women at Work*, 2013; EU-

OSHA, *Women and the Active Ageing Workforce: Implications for Occupational Safety and Health. A Review*, 2016).

Un approccio prevenzionistico *gender oriented* dovrebbe considerare:

Fattori fisiologici: alcuni rischi lavorativi hanno una differente incidenza sui generi e dovrebbero ricevere appropriata considerazione sul piano della valutazione. Le rilevazioni dei rischi sono solitamente effettuate solo su soggetti maschili, mentre occorrono analisi differenziate, soprattutto nei settori economici e professionali in cui è prevalente la presenza femminile. Una valutazione dell'incidenza del rischio parametrata solo sul personale di sesso maschile, da un lato, impedisce di garantire adeguatamente la salute e sicurezza e, dall'altro, può determinare una discriminazione indiretta a carico delle lavoratrici.

Fattori sociali: l'incidenza del genere sulla tutela della salute non è collegata soltanto alle differenze fisiologiche, ma deriva anche dalla diversa condizione di uomini e donne nel mercato del lavoro.

Il mercato del lavoro, infatti, è da lungo tempo caratterizzato da fenomeni di segregazione occupazionale di tipo orizzontale-qualitativa che comportano una distribuzione sbilanciata della forza lavoro femminile e la maggiore difficoltà per le donne nella progressione di carriera, che le costringe più spesso a permanere in posizioni professionali medio-basse e ad accettare lavori flessibili.

La polarizzazione del personale maschile e femminile nei settori merceologici e nei ruoli professionali determina una differente esposizione ai fattori di rischio (ad es., i lavoratori sono più esposti al rischio di infortuni; le lavoratrici più esposte allo stress-lavoro correlato). La difficoltà nella progressione in carriera delle donne le espone spesso ad una maggiore usura psico-fisica e a disagi lavorativi, mentre l'attività di natura temporanea (od occasionale) riduce la possibilità di coinvolgimento nella formazione per la sicurezza e il livello di consapevolezza dei rischi professionali. Del resto, anche l'art. 28, co. 1, T.U. 2008 considera i maggiori rischi «connessi alla specifica tipologia contrattuale» atipica o flessibile con la quale è impiegato il lavoratore o lavoratrice.

Non ci sono soluzioni semplici per un approccio *gender oriented* della salute e sicurezza sul lavoro, ma occorrono interventi articolati: da un lato, una valutazione che consideri i diversi effetti dell'esposizione ai rischi e possa graduare le misure prevenzionistiche; d'altro lato, il miglioramento delle condizioni di lavoro costituisce una misura di prevenzione (per così dire, indiretta), in quanto la riduzione dei fenomeni di segregazione occupazionale può aumentare il livello di tutela della salute e sicurezza della lavoratrice (European Parliament, *Empowering women in the EU and beyond: labour market*, 2017).

Capitolo Quarto

Il sistema di prevenzione aziendale: principi, figure garanti e servizi

1. I pilastri del sistema prevenzionistico aziendale: organizzazione e partecipazione

Organizzazione e partecipazione costituiscono i pilastri fondamentali del sistema di tutela della salute e sicurezza nei luoghi di lavoro, con solide basi nella direttiva-quadro europea 89/391/CEE.

Nell'ordinamento italiano, tuttavia, lo sviluppo di entrambi i pilastri è tuttora piuttosto diseguale. Non si dubita della particolare rilevanza del fattore organizzativo aziendale, mentre l'attuazione della c.d. **partecipazione equilibrata** dei lavoratori e dei loro rappresentanti nella gestione della prevenzione registra un maggiore ritardo, anche rispetto all'esperienza di altri Paesi europei (v. Cap. 5).

Va sottolineata soprattutto la centralità dell'**organizzazione**, in quanto – con l'adozione del T.U. 2008 – l'attività di prevenzione e protezione dei rischi lavorativi è diventata un'autentica infrastruttura dell'organizzazione produttiva, strettamente connessa con la gestione della forza lavoro.

Il riconoscimento del diritto alla salute e sicurezza ha segnato l'avvento d'una stretta relazione tra il lavoratore e l'organizzazione aziendale nella quale si trova inserito, fondata su un elevato *standard* di protezione – quello della «massima sicurezza tecnologicamente possibile» – che ha ricevuto l'avallo autorevole della giurisprudenza costituzionale (C. cost. n. 312/1996).

La struttura organizzativa aziendale consente d'individuare i protagonisti dell'attività di prevenzione (cioè, i soggetti che ricoprono un ruolo di garanzia nei confronti dei lavoratori e sono tenuti ad impedire il verificarsi degli eventi lesivi della salute e sicurezza) e, al contempo, definisce anche i destinatari della tutela (cioè, coloro che svolgono «un'attività lavorativa nell'ambito dell'organizzazione di un datore di lavoro pubblico o privato»: art. 2, co. 1, lett. *a*)-*b*), d. lgs. n. 81/2008).

2. La rete dei soggetti garanti. Datore di lavoro, dirigenti e preposti

Il T.U. 2008 ha delineato una vera e propria "rete" di garanzia, distribuendo in capo a diversi soggetti gli obblighi di prevenzione, secondo i rispettivi poteri giuridici e i ruoli in concreto esercitati da ognuno nell'ambito dell'organizzazione aziendale.

La ripartizione legale degli obblighi di sicurezza viene inquadrata in termini tecnico-giuridici dalla scienza penale: i soggetti garanti – cioè i titolari di una "posizione giuridica di garanzia" – sono i soggetti che il legislatore ritiene in grado (per il possesso di poteri, capacità e competenze) di governare la rischiosità degli ambienti di lavoro. A tali soggetti – principali protagonisti del sistema prevenzionistico – sono imputate le eventuali responsabilità per il verificarsi degli eventi lesivi che derivano dal rischio che per legge sono tenuti a gestire. A carico dei soggetti garanti il T.U. 2008 (artt. 55-58) ha previsto una serie di reati propri, di natura contravvenzionale, collegati al loro ruolo di garanzia, che sono diretti a sanzionare le omissioni e le carenze nell'attività di prevenzione loro imputabile. A questo titolo di responsabilità penale connessa agli obblighi prevenzionistici si aggiunge la (eventuale) responsabilità per i reati di lesioni colpose o morte del lavoratore in conseguenza della violazione delle norme antinfortunistiche (artt. 589 e 590 c.p.).

L'individuazione delle figure garanti è coerente con la prospettiva lavoristica e con il principio di effettività della tutela della salute e sicurezza.

Nella prospettiva di garanzia sostanziale dei beni giuridici della persona del lavoratore non rilevano tanto le designazioni formali o le definizioni astratte: ciò che conta è la circostanza di ricoprire in concreto un determinato ruolo nell'organizzazione aziendale che, secondo il modello legislativo, consente di prevedere e di gestire le fonti di rischio. Ciò implica che, specie nelle realtà organizzative complesse e articolate, occorre una ricognizione puntuale e accurata delle diverse sfere di competenza gestionale delle situazioni rischiose, per poter imputare correttamente a ciascun soggetto garante gli obblighi di sicurezza e, di conseguenza, le responsabilità per inadempimento o inosservanza degli stessi obblighi.

Il **datore di lavoro,** in quanto debitore di sicurezza ai sensi dell'art. 2087 c.c., ricopre la principale posizione di garanzia ai fini della tutela della salute e sicurezza nei luoghi di lavoro.

Tale figura di garanzia è individuata dal legislatore sulla base di criteri tanto formali quanto (soprattutto) sostanziali, in considerazione dell'effettiva capacità di governare l'intera organizzazione aziendale, esercitando idonei **poteri gestionali e di spesa**. Pertanto può essere considerato "datore di lavoro" ai fini prevenzionistici solo il soggetto che esercita in modo *concreto ed effettivo* le essenziali prerogative gestionali ed economiche finalizzate alla prevenzione, «secondo il tipo e l'assetto dell'organizzazione nel cui ambito il lavoratore presta la propria attività» (art. 2, lett. *b*), d. lgs. n. 81/2008).

Ne deriva che potrebbe non essere scontata la coincidenza tra la figura datoriale ai fini della gestione del rapporto di lavoro e la figura di garanzia che è rilevante ai fini dell'applicazione della disciplina prevenzionistica. Nelle organizzazioni produttive complesse le figure datoriali per la gestione della sicurezza possono risultare più d'una, oppure il datore può utilizzare l'istituto della delega di funzioni (art. 16, d. lgs. n. 81/2008) per attribuire ad altri soggetti una buona parte dei compiti di prevenzione (salvo quelli espressamente non delegabili per legge).

In definitiva, per l'individuazione della figura datoriale, che assume il principale ruolo di garanzia nei confronti dei lavoratori, occorre un'attenta opera d'interpretazione degli atti costitutivi o regolamentari dell'impresa (ad es., statuto, regolamento aziendale, ecc.), con un'analisi dell'organizzazione aziendale e della titolarità dei poteri gestionali e di spesa (riferita alla materia della sicurezza).

Problemi particolari si pongono nelle società (specie di capitali) nelle quali i poteri gestori sono riconosciuti in capo ad organismi collegiali (ad es., il Consiglio di Amministrazione). In mancanza di precise o non equivoche indicazioni (negli statuti e/o regolamenti dell'impresa), la giurisprudenza ha ammesso la possibilità di attribuire il ruolo di garanzia per la salute e sicurezza all'intero organo collegiale a ai suoi componenti. In ogni caso, si tende a valorizzare l'obbligo di vigilanza sull'adempimento dei doveri di sicurezza che incombe sull'organo collegiale anche nell'ipotesi in cui il ruolo di datore di lavoro sia attribuito (tramite un atto costitutivo, regolamentare o un'apposita delibera) ad un singolo componente.

Non meno complessa è l'individuazione del **datore di lavoro pubblico**: secondo l'art. 2, co. 1, lett. *b*), T.U. 2008, nelle Pubbliche Amministrazioni il ruolo di garanzia è assunto dal «dirigente al quale spettano i poteri di gestione, ovvero dal funzionario non avente qualifica dirigenziale», che sia comunque preposto ad un ufficio con autonomia organizzativa e gestionale.

Il datore di lavoro pubblico, di solito, è individuato espressamente dall'organo di vertice della singola Amministrazione, tenuto conto dell'ambito funzionale e territoriale degli uffici nei quali dovrà svolgere l'attività di prevenzione. Resta, in ogni caso, decisiva l'attribuzione di «autonomi poteri gestionali e dispesa», in mancanza dei quali non è ravvisabile una posizione di garanzia, mentre non rileva la formale qualifica amministrativa (di livello dirigenziale e non). Quando non sia possibile rintracciare tale figura datoriale o la figura designata dall'Amministrazione non abbia le caratteristiche sostanziali richieste dal T.U. 2008, risponderà direttamente l'organo di vertice dell'ente pubblico (sia esso un organo amministrativo o politico: ad es., il Sindaco, il Presidente della Giunta Regionale, ecc.).

Un discorso non dissimile riguarda l'individuazione degli altri garanti della sicurezza – **dirigenti e preposti** – che, nei limiti dell'incarico loro conferito dal datore di lavoro e del ruolo in concreto svolto all'interno della compagine aziendale, hanno il potere di organizzare, sovrintendere e vigilare sull'attività lavorativa, assicurando l'effettività e il corretto funzionamento dell'infrastruttura di prevenzione dei rischi.

Il legislatore ha dettato una puntuale definizione di tali figure (art. 2, lett. *d*)-*e*), T.U. 2008), che si trovano collocate lungo una catena decisionale e organizzativa, nella quale il datore di lavoro assume la responsabilità dell'intera organizzazione ed esercita i fondamentali poteri gestionali; i dirigenti organizzano l'attività lavorativa nell'ambito loro assegnato; i preposti sovraintendono e vigilano sull'attuazione concreta del sistema di prevenzione. Dirigenti e preposti, al pari del datore di lavoro, sono investiti *in proprio* dei compiti e delle responsabilità, assumendo una posizione di garanzia di carattere autonomo e collegata alla funzione in concreto svolta nell'organizzazione aziendale.

Per ciascuna delle figure garanti – datore di lavoro, dirigente e preposto – il T.U. 2008 definisce i principali ed essenziali compiti (cfr. artt. 18 e 19). Ma un analogo ruolo di garanzia può essere ricoperto **anche** (cioè, in aggiunta) dal soggetto che, pur essendo sprovvisto d'una specifica qualifica aziendale o di precise investiture formali, svolge **di fatto** i compiti connessi ad una determinata funzione organizzativo-gestionale. Così, il sistema normativo della prevenzione intende privilegiare l'effettività della tutela dei lavoratori, anche a prescindere dalle qualifiche formali dei suoi garanti e assumendo l'organizzazione aziendale come punto di riferimento per la costruzione d'un efficiente modello di sicurezza (art. 299, d. lgs. n. 81/2008).

I compiti del datore di lavoro (aggiuntivi rispetto a quelli esclusivi e non delegabili previsti dall'art. 17, T.U. 2008) e quelli del dirigente, secondo i rispettivi ambiti di competenza, comprendono la fornitura dei DPI ai lavoratori e l'attività di formazione/informazione, la designazione del preposto, del medico competente e degli addetti al servizio di emergenza, l'attività di controllo sull'assetto della prevenzione aziendale, la consultazione del RLS nei casi previsti dalla legge e la convocazione della riunione periodica (art. 18, T.U. 2008).

In particolare, la **riunione periodica per la sicurezza** (art. 35, T.U. 2008) consente a tutti i protagonisti della prevenzione aziendale – datore di lavoro, RSPP, medico competente (ove nominato), RLS – di confrontarsi sull'andamento degli infortuni e sull'efficienza delle misure di tutela, sui risultati della sorveglianza sanitaria e sui programmi di formazione. Nel corso della riunione, il datore di lavoro sottopone all'esame dei partecipanti il Documento di valutazione dei rischi e il piano di sicurezza aziendale: della discussione e degli esiti della riunione viene redatto un verbale disponibile per la consultazione.

La riunione si svolge obbligatoriamente (almeno) una volta all'anno nelle aziende o unità produttive che occupano oltre 15 dipendenti, con facoltà di procedere alla convocazione anche nelle minori realtà produttive e ogni volta che si ravvisi l'opportunità, «in occasione di eventuali significative variazioni delle condizioni di esposizione al rischio, compresa l'introduzione di nuove tecnologie».

In sintesi, il T.U. 2008 punta ad assicurare l'effettività della prevenzione aziendale attraverso una rete complessa di posizioni di garanzia. L'intreccio dei compiti e degli obblighi che incombono sulle figure garanti segue una duplice linea direttrice:

– in *linea orizzontale*: il legislatore ha individuato le figure (dirigenti e preposti) che, in collaborazione con il datore di lavoro, svolgono compiti in materia prevenzionistica, attribuendo un ruolo di garanzia anche a coloro che esercitano solo in via di fatto le prerogative che spettano ai garanti. L'esercizio anche temporaneo di compiti propri delle figure di garanzia individuate per legge è idoneo a generare una concorrente ed autonoma posizione di garanzia in capo al gestore di fatto. In tal modo, il legislatore contrasta qualsivoglia tentativo di aggirare le responsabilità o di sottrarsi all'applicazione dell'apparato sanzionatorio (fondato su reati "propri") attraverso etichette e qualificazioni di tipo formale;

– in *linea verticale*: l'allocazione dell'obbligo di sicurezza in capo ad una pluralità di soggetti garanti fa sorgere un dovere reciproco di vigilanza. Le diverse figure che assumono *iure proprio* compiti di protezione dei lavoratori sono tenute a sorvegliare che ciascuno adempia correttamente al proprio ruolo, pena il verificarsi di un'omissione colposa (c.d. *culpa in vigilando*). Le responsabilità giuridiche, in linea di principio, si cumulano e si condividono, mentre l'addebito esclusivo di colpa a carico dei singoli soggetti presuppone che l'inadempimento sia certo ed univoco, senza che possa riscontrarsi alcun difetto di vigilanza (art. 18, co. 3-*bis*, d. lgs. n. 81/2008).

In ipotesi particolari, la responsabilità (penale e civile) per l'inosservanza dell'obbligo di sicurezza può essere imputata anche a soggetti che sono formalmente estranei alla rete di garanzia.

La giurisprudenza, infatti, non esita ad imputare una responsabilità a titolo professionale, derivante dalla violazione dell'obbligo di diligenza e competenza, a carico dei soggetti che svolgono compiti operativi e tecnici. Così, il Responsabile e gli Addetti del Servizio di Prevenzione e Protezione possono essere chiamati a rispondere per la propria colpa professionale al verificarsi di eventi lesivi collegati all'incarico svolto, quando abbiano indotto il datore a compiere un'errata valutazione dei rischi oppure ad omettere le necessarie misure protettive. Potranno rispondere di tali negligenze in concorso con il soggetto obbligato in via principale (di norma, il datore di lavoro) o, addirittura, in modo esclusivo.

2.1. La figura del preposto

Va sottolineato il particolare rilievo che il T.U. 2008 ha conferito al ruolo del preposto, in ragione della sua specifica collocazione nell'organizzazione del lavoro e nel sistema prevenzionistico aziendale. Tale figura garante si trova, infatti, nella posizione più prossima alle fonti di rischio e rappresenta l'interlocutore necessario tra i lavoratori e la direzione aziendale (datore di lavoro e dirigenti) ai fini della concreta attuazione del piano di sicurezza.

Il termine "preposto ai fini della sicurezza" identifica, sin dalla metà del secolo scorso, una figura che assume più puntuali denominazioni nei differenti settori e nelle organizzazioni produttive (ad es., capo-ufficio; capo-reparto; capo-squadra, ecc.). Il tratto comune e caratteristico della figura è individuato dall'art. 2, co. 1, lett. *e*), T.U. 2008, in base al quale il preposto è la «persona che, in ragione delle competenze professionali e nei limiti di poteri gerarchici e funzionali adeguati alla natura dell'incarico conferitogli, sovraintende all'attività lavorativa e garantisce l'attuazione delle direttive ricevute, controllandone la corretta esecuzione da parte dei lavoratori ed esercitando un funzionale potere di iniziativa».

Si tratta, dunque, di una figura che assume un ruolo organizzativo e di controllo sul lavoro prestato da altri (di solito, *team*, gruppi o squadre) e, nei limiti di tale potere gerarchico-funzionale, assicura la corretta gestione del rischio. Spesso viene definito come garante in concreto dell'attività di prevenzione, appunto per sottolineare il suo ruolo operativo, di estrema importanza per l'effettività della tutela della salute e sicurezza dei lavoratori.

Il legislatore ha dettato un elenco analitico e dettagliato delle funzioni tipiche del preposto, dove prevalgono i compiti di controllo, di vigilanza e di segnalazione delle carenze nel sistema di prevenzione aziendale. A questi compiti, tradizionalmente svolti, è stato aggiunto – con la modifica normativa più recente – quello di «rilevazione dei comportamenti non conformi alle disposizioni e alle istruzioni impartite dal datore e dai dirigenti» ai fini della sicurezza e il dovere di «intervenire per modificare il comportamento non conforme», fornendo le necessarie indicazioni ai lavoratori (l'art. 19, T.U. 2008, mod. dal d.l. n. 146/2021, conv. in l. n. 215/2021).

Ne è derivato, così, un rafforzamento del ruolo operativo del preposto, al quale non spetta più solo la vigilanza e l'eventuale segnalazione delle condizioni di pericolo, ma compete anche l'obbligo di attivarsi per indirizzare in modo corretto i comportamenti dei lavoratori. Solo in caso di mancata attuazione delle istruzioni impartite o di persistente inosservanza, il preposto è tenuto ad interrompere l'attività dei lavoratori e ad informare i superiori o i vertici aziendali per i provvedimenti conseguenti (art. 19, co. 1, lett. *a*), T.U. 2008). Si potrebbe dire che il legislatore ha inteso potenziare soprattutto il «funzionale potere di iniziativa» che caratterizza la figura secondo la definizione normativa.

Tra i compiti assegnati al preposto va sottolineato anche quello di gestire le situazioni di emergenza e di pericolo grave e immediato (ad es., ordinare l'abbandono del posto di lavoro e impartire opportune istruzioni ai lavoratori; interrompere temporaneamente le attività e informare tempestivamente il datore e il dirigente). In altri termini, il preposto non supplisce né si sostituisce all'azione del servizio di emergenza e di pronto soccorso (cfr. art. 43, T.U. 2008), ma è tenuto ad adottare le disposizioni di carattere organizzativo che sono necessarie per affrontare le situazioni di pericolo imminente.

Non sorprende che, a fronte di compiti così rilevanti per l'effettività della prevenzione aziendale, il legislatore abbia previsto un obbligo di formazione specifica e rafforzata per il proposto (oltre all'aggiornamento periodico) e introdotto persino una sanzione penale (contravvenzionale) per l'ipotesi di inosservanza (art. 56, T.U. 2008). Per assicurare l'adeguatezza e la specificità della formazione, le attività di aggiornamento devono svolgersi necessariamente in presenza (probabilmente ciò significa in modalità sincrona, non obbligatoriamente in presenza fisica) e ripetute con cadenza biennale, e «comunque ogni qualvolta sia reso necessario in ragione dell'evoluzione dei rischi o dall'insorgenza di nuovi rischi» (art. 37, co. 7-*ter*, T.U. 2008, introdotto dal d.l. n. 146/2021, conv. in l. n. 215/2021).

In passato è sorta un'ampia *querelle* in relazione all'individuazione del preposto da parte del datore di lavoro. Sovente i preposti non vengono nominati con atto formale (ma sono individuati in base al loro ruolo e alla collocazione nell'organigramma aziendale), perciò si era diffusa la consuetudine di distinguere i preposti c.d. di fatto (cioè, sprovvisti di formale investitura, ma sostanzialmente responsabili ai fini della sicurezza in forza delle concrete attribuzioni che comportano l'assunzione del ruolo) e i preposti c.d. di diritto (cioè, destinatari di un atto di nomina del datore di lavoro).

Tale distinzione tra fatto e diritto faceva ritenere che ne derivassero differenti effetti sul piano giuridico, specie in ordine alle responsabilità (anche di tipo penale). Un dubbio per nulla giustificato, se si considera che l'art. 299, T.U. 2008 chiarisce che le posizioni giuridiche di garanzia – e, tra queste, quella del preposto – incombono «altresì» sui soggetti che esercitano in concreto le prerogative pertinenti alle figure previste dalla legge, a prescindere dalla formale e regolare investitura. Da un lato, un consolidato orientamento giurisprudenziale ha accollato ai c.d. preposti di fatto la responsabilità per omessa vigilanza, pur in concomitanza di preposti nominati. Dall'altro lato, la mancanza di un obbligo di nomina da parte del datore ha esposto penalmente i preposti di fatto a causa della scarsa consapevolezza dei compiti loro attribuiti dalla legge. Inoltre, risultava incerta anche la spettanza di un compenso o di un emolumento correlato all'esercizio delle funzioni del proposto: spettanza non prevista dal T.U. 2008 ed eventualmente correlabile all'esistenza di un atto di nomina.

Per superare le numerose perplessità, il legislatore ha infine introdotto un preciso obbligo del datore di lavoro (e del dirigente) di individuare il preposto o i preposti per l'esercizio dei compiti elencati dall'art. 19, T.U. 2008, rinviando alla contrattazione collettiva la competenza a (e la possibilità di) stabilire un emolumento. Ha ribadito, inoltre, una tutela già implicita a favore del preposto, il quale «non può subire pregiudizio alcuno a causa dello svolgimento della propria attività» (art. 18, co. 1, lett. *b-bis*), T.U. 2008, introdotto dal d.l. n. 146/2021, conv. in l. n. 215/2021).

L'obbligo di «individuare» il preposto non sembra implicare necessariamente il dovere di formalizzare l'incarico o di adottare un atto di nomina: ferma la regola secondo cui l'individuazione della figura garante prescinde da investiture formali e si fonda sul dato sostanziale dell'esercizio delle prerogative che caratterizzano la figura. Trattandosi di una «individuazione», non già di una nomina o di un'investitura formale, è escluso che occorra l'accettazione da parte del preposto oppure che quest'ultimo possa rifiutare o respingere il riconoscimento del ruolo che derivi dalle funzioni concretamente svolte nel sistema di prevenzione.

Nondimeno il datore di lavoro (e il dirigente) è incentivato a identificare la figura del preposto perché risponde penalmente in caso di violazione di tale obbligo di «individuazione»: un obbligo che è destinato a chiarire il ruolo di garanzia del preposto, evitando sovrapposizioni e duplicazioni (art. 55, co. 4, lett. *d*), T.U. 2008, introdotto dal d.l. n. 146/2021, conv. in l. n. 215/2021). Se, dunque, vuole evitare d'incorrere nel reato contravvenzionale proprio, il datore dovrà aver cura di definire in modo chiaro i ruoli e i nominativi dei preposti, pur senza essere tenuto ad adottare particolari modalità e forme tipizzate.

Si legge nella Relazione della Commissione Parlamentare d'inchiesta sulle condizioni di lavoro in Italia (approvata in data 20 aprile 2022) che «a seguito della recente riforma operata dalla l. n. 215 del 2021, che ha introdotto l'obbligo di individuazione dei preposti, verrà con ogni probabilità dismessa progressivamente la prassi aziendale organizzativa di lasciare la vigilanza in mano a preposti di fatto poco consapevoli, con prevedibili miglioramenti della *performance* delle attività di vigilanza svolte all'interno delle aziende e, quindi, della conseguente ed auspicabile diminuzione del numero e della gravità degli infortuni» (§ 5).

3. La delega di funzioni prevenzionistiche

In base al principio di effettività della tutela del lavoratore può spiegarsi il fatto che il trasferimento in capo ad un altro soggetto degli obblighi propri del datore di lavoro e principale garante della sicurezza – attraverso la **delega di funzioni** prevenzionistiche (art. 16, d. lgs. n. 81/2008) – incontri «limiti e condizioni» rigorose previste dalla legge.

Anzitutto il legislatore elenca alcuni obblighi del datore di lavoro che non sono delegabili: la valutazione dei rischi e la redazione del documento per la sicurezza; la designazione del Responsabile del Servizio di prevenzione e protezione. Si tratta di compiti che sono strettamente connessi con il ruolo datoriale ed implicano l'esercizio di scelte organizzative e di decisioni imprenditoriali non delegabili ad altri soggetti (art. 17, d. lgs. n. 81/2008).

Le condizioni di validità della delega ai fini del trasferimento dei compiti e delle connesse responsabilità giuridiche, anche di natura penale, sono tassativamente individuate dalla legge. Sono richieste adeguate qualità professionali, esperienza e competenza in capo al soggetto delegato; la definizione dell'oggetto della delega e del preciso contenuto delle funzioni attribuite, oltre che l'attribuzione al delegato dei correlativi poteri di gestione e di spesa; il rispetto dei requisiti formali che garantiscono l'efficacia giuridica dell'atto di delega (cioè, la data certa, la forma scritta e l'accettazione espressa da parte del delegato, un'adeguata e tempestiva pubblicità del conferimento della delega).

Altri limiti previsti dalla legge riguardano la possibilità del delegato di conferire una **sub-delega di funzioni prevenzionistiche** ad un altro soggetto (sub-delegato), in quanto occorre la previa intesa con il datore di lavoro che è il primo delegante Inoltre, la sub-delega è sottoposta ai medesimi requisiti sostanziali e formali previsti per il primo atto di delega.

Resta inteso che la delega di funzioni prevenzionistiche non esclude l'obbligo di vigilanza del datore di lavoro in relazione al corretto espletamento da parte del delegato (nonché eventualmente del sub-delegato) dei compiti a lui assegnati (art. 16, co. 3, d. lgs. n. 81/2008).

In ogni caso, come precisa anche la fonte europea (cfr. art. 5, § 2, direttiva-quadro 89/391/CEE), qualora il datore di lavoro decida di ricorrere a competenze professionali esterne all'azienda (ad es., consulenti e servizi) per lo svolgimento dei compiti prevenzionistici, non può ritenersi per ciò solo liberato dai propri obblighi e dalle responsabilità giuridiche. Dunque, l'attribuzione ad altri soggetti di compiti di carattere meramente operativo non implica il conferimento di alcuna delega di funzioni e neppure il trasferimento delle responsabilità che incombono sul datore di lavoro.

La giurisprudenza ha chiarito, infatti, la differenza esistente tra un atto di delega a carattere meramente esecutivo e la delega di funzioni prevenzionistiche prevista dall'art. 16, d. lgs. n. 81/2008 (cfr. Cass., III sez. civ., n. 25512/2021).

La delega meramente esecutiva è conferita in base ai principi civilistici e non ha un'efficacia traslativa dell'obbligo di sicurezza del datore di lavoro. Si tratta di uno strumento giuridico con il quale il datore decide di adempiere ai propri obblighi di sicurezza avvalendosi dell'ausilio tecnico-operativo di altri soggetti (ad es., consulenti, professionisti, incaricati, ecc.).

Quando invece sia attribuita una delega funzionale, il soggetto delegato (provvisto dei requisiti e delle competenze stabilite dal T.U. 2008) succede al datore di lavoro nella sua posizione giuridica e nella titolarità dell'obbligo di sicurezza ai sensi dell'art. 2087 c.c., pur nei limiti dell'oggetto e del contenuto dell'atto di delega.

In entrambi i casi, tuttavia, il datore di lavoro non è completamente esonerato dalla sua responsabilità per i danni eventualmente arrecati alla salute e sicurezza del lavoratore.

Se, infatti, la delega ha una finalità solo operativa, il datore potrà rispondere, sul piano risarcitorio, dell'attività inadeguata svolta dal delegato nel quadro del rischio d'impresa e per la sua particolare scelta (*culpa in eligendo*). Mentre, nell'ipotesi della delega di funzioni prevenzionistiche, è lo stesso art. 16, d. lgs. n. 81/2008 a stabilire che permangono in capo al datore i doveri di controllo e di vigilanza sull'operato del delegato, pertanto egli potrà essere chiamato a rispondere, oltre che sul piano civile e risarcitorio per la scelta organizzativa, anche sul piano penale per l'inosservanza del necessario controllo.

4. L'apparato strumentale della prevenzione e i servizi aziendali

In coerenza con le fonti europee, il T.U. 2008 ha delineato l'apparato strumentale della prevenzione che comprende, obbligatoriamente, alcune figure ausiliarie del datore di lavoro ed appositi servizi specializzati (interni o esterni) che devono essere organizzati a livello aziendale.

La direttiva-quadro 89/391/CEE ha considerato essenziali e obbligatori per lo svolgimento dell'attività prevenzionistica il «Servizio di prevenzione e protezione dai rischi professionali» (art. 7) e il «Servizio di gestione delle emergenze» (art. 8). Entrambe le strutture aziendali sono contemplate anche dalla normativa italiana, con l'aggiunta della figura del «medico competente» che è tenuto a svolgere – nei casi previsti dalla legge – il controllo sull'igiene dei luoghi di lavoro e la sorveglianza sanitaria sui lavoratori (art. 25; artt. 38 e ss., T.U. 2008).

Il **Servizio di Prevenzione e Protezione dai rischi**, secondo la definizione legislativa, è organizzato dal datore di lavoro *in via prioritaria* all'interno dell'azienda e comprende «l'insieme delle persone, sistemi e mezzi esterni o interni all'azienda finalizzati all'attività di prevenzione e protezione dei rischi professionali dei lavoratori» (art. 2, co. 1, lett. *l*), d. lgs. n. 81/2008). Si tratta della struttura necessariamente dedicata all'attività di prevenzione. Per maggiore chiarezza, il legislatore stabilisce che il Servizio di Prevenzione e protezione «è utilizzato dal datore di lavoro» (sempre fatti salvi i compiti espressamente riservati al datore) (art. 33, co. 3, T.U. 2008).

Il **Responsabile del Servizio (RSPP)** è posto al vertice della struttura ed è designato dal datore di lavoro, previa consultazione del Rappresentante dei lavoratori per la sicurezza (art. 50, co. 1, lett. *c*), T.U. 2008). La nomina è una prerogativa esclusiva e non delegabile del datore di lavoro: infatti, il RSPP è una persona di fiducia che opera in *staff* con il datore e a lui risponde direttamente del proprio operato.

Il RSPP dirige e coordina le attività del Servizio di Prevenzione e protezione insieme ad un «numero sufficiente» di **Addetti (ASPP)**, tenuto conto delle caratteristiche dell'azienda e della tipologia dei rischi lavorativi.

Entrambe le figure (Responsabile a Addetto) devono essere in possesso di capacità e di requisiti professionali idonei all'esercizio dei rispettivi compiti (art. 2, co. 1, lett. *f*)-*g*), d. lgs. n. 81/2008). Capacità e requisiti professionali sono fissati direttamente dalla legge, che individua i titoli di studio e le necessarie esperienze formative e di aggiornamento, così da offrire sufficienti garanzie di competenza ai fini dell'espletamento dell'incarico (art. 32, T.U. 2008).

Al di là delle ipotesi in cui il Servizio e il suo Responsabile devono essere obbligatoriamente istituiti all'interno dell'azienda in ragione della gravità del rischio o delle rilevanti dimensioni (ad es., per imprese industriali a rischio elevato, imprese estrattive, case di ricovero o cura con determinati livelli occupazionali: art. 31, co. 6, d. lgs. n. 81/2008), il legislatore ha espresso una chiara predilezione per l'organizzazione «prioritariamente» interna, per ovvi motivi di ottimizzazione dell'attività prevenzionistica (art. 31, co. 1, T.U. 2008, modificato dalla l. n. 98/2013).

L'intensità di tale vincolo, tuttavia, non è facile da interpretare considerato che resta ferma la facoltà del datore d'integrare o di completare – ove lo ritenga opportuno – la composizione del Servizio interno affiancandolo con consulenti esterni o con servizi istituiti presso associazioni sindacali datoriali e organismi paritetici. Inoltre, il ricorso a servizi esterni è addirittura imposto dalla legge «in assenza di dipendenti che, all'interno dell'azienda o dell'unità produttiva, siano in possesso dei requisiti» e delle specifiche competenze richieste (art. 31, co. 3-4, d. lgs. n. 81/2008).

Ciò che importa sottolineare è che, in conformità alla fonte europea, in caso di ricorso a competenze esterne per l'organizzazione del Servizio di prevenzione e protezione, il datore «non è per questo esonerato dalla propria responsabilità» (art. 31, co. 5, d. lgs. n. 81/2008). Dunque, l'utilizzo di consulenti esterni non implica alcuna delega implicita di funzioni o un trasferimento di responsabilità che sono esclusive del datore di lavoro.

I principali compiti operativi attribuiti al Servizio di Prevenzione e protezione riguardano l'individuazione e la valutazione rischi sulla base della conoscenza specifica dell'organizzazione aziendale; l'elaborazione del DVR e dei sistemi di controllo delle misure di sicurezza (per quanto di competenza); la promozione di programmi di informazione/formazione per i lavoratori; l'attività di consultazione del RLS e la partecipazione alla riunione periodica (art. 33, co. 1, T.U. 2008).

Il Servizio e il suo Responsabile assumono un ruolo indispensabile nel sistema di prevenzione aziendale: si tratta di una funzione che non può mai mancare, sicché al limite può essere il datore di lavoro a cumulare i compiti propri del Servizio di prevenzione e protezione, svolgendoli direttamente. Tale soluzione organizzativa è consentita dalla legge, ma solo nel rispetto di particolari cautele e per le imprese di minori dimensioni (art. 34, d. lgs. n. 81/2008 e All. II).

La **gestione delle emergenze** (primo soccorso, salvataggio, evacuazione e prevenzione incendi) è normalmente assegnata ad un Servizio organizzato dal datore di lavoro avvalendosi dei propri dipendenti, in raccordo con le istituzioni pubbliche competenti in tali ambiti (art. 43, d. lgs. n. 81/2008).

I lavoratori designati non possono rifiutare l'incarico, se non per un «giustificato motivo», a condizione che il datore assicuri loro un'adeguata formazione e la disponibilità dei mezzi sufficienti per fronteggiare l'emergenza, tenuto conto delle dimensioni dell'azienda e dei rischi specifici (art. 43, co. 3, d. lgs. n. 81/2008).

Disposizioni particolari riguardano l'attività di primo soccorso, che prevede il coinvolgimento del medico competente (art. 45, d. lgs. n. 81/2008) e l'attività di prevenzione degli incendi (art. 46, d. lgs. n. 81/2008), con il rinvio alla regolamentazione integrativa e di dettaglio dettata da appositi decreti ministeriali e con il parere della Conferenza Stato-Regioni-Province Autonome.

5. La figura del medico competente e la sorveglianza sanitaria

La figura del **medico competente** è delineata dall'art. 2, co. 1, lett. *h*), T.U. 2008, che mette in luce il possesso dei titoli di studio, dei requisiti formativi e professionali richiesti per l'esercizio dei suoi compiti. Presso il Ministero della Salute è istituito l'elenco dei medici competenti, dal quale il datore di lavoro può (non deve) attingere per l'eventuale designazione (art. 38, co. 4, d. lgs. n. 81/2008).

Tale figura, infatti, è nominata dal datore di lavoro (ma la nomina è delegabile, a differenza di quella del RSPP) per effettuare l'attività di sorveglianza sanitaria (quando prevista dalla legge come obbligatoria) e per svolgere gli altri compiti che gli attribuisce la legge.

Dal punto di vista professionale, il medico competente può essere assunto alle dipendenze del datore di lavoro, nonché svolgere la sua attività in regime di lavoro autonomo o come collaboratore appartenente ad una struttura esterna (pubblica o privata) convenzionata con il datore di lavoro. È espressamente prevista un'ipotesi d'incompatibilità quando il medico appartenga ad un organo pubblico con funzioni di vigilanza: ciò impedisce l'esercizio dell'attività di medico competente in tutto il territorio nazionale (art. 39, co. 2 e 3, d. lgs. n. 81/2008).

Per un considerevole lasso di tempo, il medico competente è rimasto sostanzialmente estraneo alla gestione della salute e sicurezza nell'ambiente lavorativo, limitandosi ad eseguire le visite pre-assuntive e periodiche di idoneità alla mansione. L'acquisizione di un ruolo di garanzia è divenuta palese con l'introduzione della **sorveglianza sanitaria**, definita come «l'insieme degli atti medici finalizzati alla tutela dello stato di salute e sicurezza dei lavoratori, in relazione all'ambiente di lavoro, ai fattori di rischio professionali e alle modalità di svolgimento dell'attività lavorativa» (art. 2, co. 1, lett. *m*), d. lgs. n. 81/2008).

Dalla definizione normativa emerge, infatti, che la sorveglianza sanitaria costituisce una parte integrante della prevenzione aziendale ed è espressione del principio della massima sicurezza tecnologicamente possibile. Al medico competente non è richiesto solo di svolgere accertamenti e di esprimere pareri sulla salute dei lavoratori in relazione alla rischiosità dell'ambiente lavorativo, ma di **collaborare alla predisposizione e all'attuazione delle misure di salute e sicurezza** sulla base della specifica conoscenza dell'organizzazione aziendale. A tal fine, gli è riconosciuto il diritto di ricevere le informazioni necessarie per svolgere fattivamente il suo ruolo e, ove sia un dipendente del datore, ha il diritto di ottenere i mezzi necessari per lo svolgimento dei suoi compiti. La procedura di valutazione dei rischi e la redazione del documento per la sicurezza prevedono la sua partecipazione nelle ipotesi in cui la sorveglianza sanitaria sia obbligatoria per legge.

In aggiunta, l'art. 25, d. lgs. n. 81/2008 elenca una serie di compiti propri, tra i quali si segnalano il dovere di visitare gli ambienti di lavoro (almeno una volta all'anno); la tenuta della cartella sanitaria e di rischio per i lavoratori sottoposti alla sorveglianza sanitaria; la collaborazione all'organizzazione del pronto soccorso e all'attività di informazione/formazione dei lavoratori; la partecipazione alla riunione periodica prevista dall'art. 35, T.U. 2008.

Per buona parte di tali compiti, in caso d'inosservanza o di violazione, è prevista una specifica sanzione penale (art. 58, d. lgs. n. 81/2008).

In sintesi, il T.U. 2008 ha accentuato l'integrazione dell'operato del medico competente con il sistema di prevenzione aziendale, prevedendo un dovere di vigilanza del datore di lavoro (e dei dirigenti) anche sull'attività svolta da tale figura (art. 18, co. 3-*bis*, d. lgs. n. 81/2008). Secondo la giurisprudenza, analogamente alla figura del RSPP, il medico competente assume un ruolo di collaborazione nella realizzazione della sicurezza in azienda. Da ciò deriva l'applicazione del principio già espresso dalle Sezioni Unite a proposito della responsabilità che grava sul RSPP: «questa figura svolge una delicata funzione di supporto informativo, valutativo e programmatico ... D'altra parte, il ruolo svolto è parte inscindibile di una procedura complessa che sfocia nelle scelte operative sulla sicurezza compiute dal datore di lavoro. La sua attività può ben rilevare ai fini della spiegazione causale dell'evento illecito» a carico della salute e della sicurezza dei lavoratori (Cass. pen., Sez. Un., n. 38343/2014). Dunque, oltre alla responsabilità penale per i reati propri, il medico competente può rispondere giuridicamente, in ragione del ruolo assunto nella prevenzione aziendale, nei casi di negligenza e di colpa professionale.

L'attività principale, come si è rilevato, consiste nella **sorveglianza sanitaria**: tale attività è **obbligatoria** anzitutto nelle ipotesi stabilite dalla legge, ma anche nei casi stabiliti dalla Commissione consultiva permanente, nonché qualora il lavoratore ne faccia richiesta e si ravvisi una stretta correlazione con i rischi lavorativi (art. 41, co. 1, d. lgs. n. 81/2008).

Per ogni lavoratore sottoposto a sorveglianza sanitaria dev'essere istituita una **cartella sanitaria e di rischio**, che viene periodicamente aggiornata e custodita a cura e sotto la responsabilità del medico competente, il quale è tenuto al segreto professionale e alla protezione dei dati personali secondo il Codice *privacy*. Copia della cartella viene consegnata al lavoratore alla cessazione del rapporto di lavoro, ma l'originale del documento dev'essere comunque conservato a cura del datore di lavoro (art. 25, co. 1, lett. *c*), *e*), T.U. 2008).

La sorveglianza sanitaria comprende una serie di **accertamenti d'idoneità** allo svolgimento della specifica mansione, tenuto conto dell'esposizione ai rischi dell'ambiente di lavoro. Si tratta d'un accertamento ben diverso dal controllo sullo stato di salute del lavoratore, in relazione al quale l'art. 5 Stat. lav. prevede la competenza esclusiva del medico appartenente al servizio sanitario pubblico (ASL).

Gli accertamenti di idoneità alla mansione sono svolti in via preventiva e periodicamente, nonché al momento della cessazione del rapporto di lavoro (ove richiesto per legge). Naturalmente la sorveglianza sanitaria segue l'evoluzione e le modificazioni del rischio, pertanto gli accertamenti sanitari riguardano anche le ipotesi di mutamento delle mansioni e la ripresa del lavoro dopo un'assenza prolungata per motivi di salute. Infine, anche il lavoratore può fare richiesta della sorveglianza e, al di là delle ipotesi previste dal T.U. 2008, il medico competente può ravvisarne la necessità in determinate situazioni (ad es., peggioramento delle condizioni di salute) (art. 41, co. 2, d. lgs. n. 81/2008).

L'ipotesi più controversa è quella relativa alle visite mediche «**in fase preassuntiva** svolte, su scelta del datore di lavoro, dal medico competente o dai

Dipartimenti di prevenzione delle ASL» (art. 41, co. 2-*bis*, d. lgs. n. 81/2008). Sorge infatti un legittimo dubbio sull'imparzialità dell'accertamento medico e sul condizionamento esercitabile dal datore (sul medico competente e) sul lavoratore candidato all'assunzione.

Sussiste invece un esplicito divieto di procedere ad accertamenti relativi allo stato di gravidanza e «negli altri casi vietati dalla normativa vigente» (ad es., accertamento di infezione HIV) (art. 41, co. 3, T.U. 2008). Altre ipotesi, più discusse, riguardano gli accertamenti della condizione di tossicodipendenza o di alcool dipendenza del lavoratore. Il legislatore ha rinviato, in proposito, ad un successivo accordo della Conferenza Stato-Regioni-province Autonome, previa consultazione delle parti sociali.

La l. n. 125/2001 (legge-quadro in materia di problemi alcool-correlati), all'art. 15, nel disporre il divieto di somministrazione e di assunzione di alcool per i lavoratori adibiti a determinate mansioni, attribuisce i relativi controlli alle ASL o al medico competente, senza individuare una specifica procedura di accertamento. Per i lavoratori con patologie alcool-correlate viene richiamato il D.p.r. n. 309/1990 che stabilisce tutele per i lavoratori affetti da tossicodipendenza e ne affida l'accertamento, a spese del datore di lavoro, al servizio sanitario nazionale (artt. 124-125).

Con appositi accordi, la Conferenza Stato-Regioni-Province Autonome ha individuato le attività lavorative che comportano un elevato rischio di infortuni ovvero rischi per l'incolumità e la salute di terzi, tuttavia il recepimento di tali intese ha determinato alcune difformità sul territorio nelle procedure di accertamento. Con un accordo sindacale del 2015 tra Confindustria e CGIL-CISL-UIL è stata elaborata una proposta congiunta per una procedura di accertamento dell'assunzione di alcool e di sostanze stupefacenti che prevede una fase preliminare dedicata alla prevenzione (informazione del lavoratore, incontro formativo programmato).

Gli esiti della sorveglianza sanitaria possono comportare un giudizio di idoneità alla mansione (totale o parziale; temporanea o permanente), con eventuali prescrizioni o limitazioni stabilite dal medico competente; ovvero un giudizio di inidoneità temporanea o permanente alla mansione. In ogni caso, si tratta di giudizi impugnabili presso l'organo di vigilanza territorialmente competente (Dipartimento dell'ASL), che svolgerà ulteriori accertamenti al fine della conferma, della modifica o della revoca del giudizio formulato dal medico competente (art. 41, co. 9, d. lgs. n. 81/2008).

Il datore di lavoro è tenuto ad attuare le misure e le prescrizioni eventualmente previste dal medico competente per la salvaguardia dell'idoneità alla mansione e, nei casi di accertata inidoneità, dovrà adibire il lavoratore a mansioni equivalenti (ove possibile) oppure anche a mansioni inferiori, assicurando comunque la conservazione del trattamento economico-normativo previsto per le mansioni di provenienza (art. 42, d. lgs. n. 81/2008).

Resta il dubbio se sia possibile procedere al licenziamento del lavoratore divenuto inidoneo alla mansione in modo definitivo e permanente. Tale possibilità è espressamente riconosciuta a favore del datore di lavoro pubblico, che può risolvere il rapporto di lavoro «nel caso di accertata permanente inidoneità psico-fisica al servizio» (art. 55-*octies*, d. lgs. n. 165/2001).

La questione è meno pacifica per la giurisprudenza relativa al settore privato: anzitutto, il datore di lavoro sarà tenuto a dimostrare l'impossibilità di utilizzare il lavoratore in altre mansioni compatibili con la sua capacità lavorativa, eventualmente anche inferiori. Inoltre, per la legittimità del licenziamento, dovrà provare di aver adempiuto all'obbligo di «accomodamenti ragionevoli», previsto dall'art. 3, co. 3-*bis*, d. lgs. n. 216/2003 che ha recepito l'art. 5 della direttiva 2000/78/CEE. Si tratta - come ha rilevato Cass. n. 6497/2021 – di «adeguamenti *lato sensu* organizzativi che il datore di lavoro deve porre in essere al fine di garantire il principio della parità di trattamento» dei lavoratori disabili: adeguamenti organizzativi che si caratterizzano per la loro appropriatezza ovvero per la loro idoneità a consentire alla persona svantaggiata di svolgere l'attività lavorativa.

6. La valutazione dei rischi lavorativi: modelli e procedure

L'attività di accertamento dei rischi lavorativi e l'elaborazione del **documento di valutazione dei rischi (DVR)** rappresentano gli obblighi fondamentali e non delegabili del datore di lavoro (art. 17, lett. *a*), d. lgs. n. 81/2008), in quanto responsabile dell'organizzazione aziendale e titolare dei poteri decisionali e di spesa che qualificano la sua posizione di garanzia (art. 2, co. 1, lett. *b*), d. lgs. n. 81/2008).

Le modalità, i criteri e la procedura di valutazione dei rischi sono previsti dagli artt. 28 e 29, T.U. 2008, che stabiliscono il contenuto minimo e obbligatorio del piano di sicurezza aziendale, la forma necessaria e la tempistica che dev'essere rispettata.

La ricognizione riguarda tutti i rischi dell'ambiente di lavoro e, in particolare, include la valutazione del rischio stress-lavoro correlato, i rischi connessi allo stato di gravidanza e altri fattori soggettivi del lavoratore (età, genere, provenienza territoriale), nonché i rischi connessi alla particolare tipologia contrattuale, nella consapevolezza che i lavori flessibili e precari comportano spesso una maggiore rischiosità.

L'ambito della valutazione comprende la scelta delle attrezzature di lavoro, l'utilizzo delle sostanze pericolose e la sistemazione degli ambienti di lavoro: tuttavia, l'elenco fornito dal legislatore assume un carattere solo esemplificativo, in quanto la valutazione dei rischi, come definita dall'art. 2, T.U. 2008, deve consistere in un'analisi «globale e documentata» di tutti i profili di rischiosità dell'ambiente di lavoro. Si tratta di una valutazione che richiede competenze tecniche e specialistiche, pertanto è previsto che il datore di lavoro – che rimane il responsabile esclusivo di tale attività – debba avvalersi di figure specializzate, come il RSPP e il medico competente, oltre a prevedere la consultazione preventiva del Rappresentante dei lavoratori per la sicurezza (RLS).

La valutazione dei rischi è essenziale per l'avvio di nuove attività produttive e va effettuata entro 90 gg. dall'inizio dell'attività imprenditoriale, ma dev'essere costantemente aggiornata ed eventualmente ripetuta in conseguenza dell'evoluzione della rischiosità nell'ambiente di lavoro. In ogni caso, il legislatore ha elencato alcune particolari ipotesi in cui è obbligatorio il rinnovo della procedura: in occasione di modifiche organizzativo-produttive rilevanti per la prevenzione, nel caso dell'evoluzione tecnica/tecnologica delle misure di tutela, quando si siano verificati infortuni «significativi» in azienda, infine quando il medico competente ne segnali la necessità in base agli esiti della sorveglianza sanitaria.

Il DVR viene redatto al termine della procedura di valutazione dei rischi: deve contenere una relazione sull'analisi svolta e sui criteri o le metodologie utilizzate, l'indicazione delle misure di prevenzione idonee a contrastare i rischi e il «programma delle misure ritenute opportune per il miglioramento nel tempo dei livelli di sicurezza». Se ne desume, quindi, che il DVR dev'essere inteso come un documento dinamico, in grado di seguire l'evoluzione dei rischi lavorativi e di elevare progressivamente lo *standard* di sicurezza adottato in azienda.

Altre informazioni, che devono essere obbligatoriamente contenute nel DVR, riguardano i nominativi del RSPP, del medico competente e del Rappresentante dei lavoratori per la sicurezza (RLS).

Regole rigorose sono dettate dal legislatore per garantire la veridicità del contenuto del DVR e l'effettività degli aggiornamenti necessari. Il documento, infatti, deve essere redatto in forma scritta (anche su supporto informatico) e recare una data certa. A questi fini, si prevede che la data sia attestata dalla sottoscrizione del datore di lavoro, nonché ai soli fini della prova, dal RSPP e dal RLS, nonché dal medico competente (ove abbia partecipato alla procedura di valutazione).

Il documento dev'essere custodito presso l'azienda o l'unità produttiva alla quale si riferisce la valutazione dei rischi. Il RLS potrà chiederne copia per l'adempimento delle sue funzioni, con l'obbligo di rispettare la riservatezza delle informazioni e dei contenuti (cfr. Cap. 5).

Sebbene il legislatore non si esprima direttamente, i limiti posti alla consegna al RLS fanno propendere per il carattere riservato del documento, che può contenere informazioni sensibili sul processo produttivo e protette da segreto industriale. Ciò implica che il singolo lavoratore non abbia un accesso diretto al DVR. Infatti, ai sensi dell'art. 50, T.U. 2008, l'accesso è consentito unicamente al rappresentante dei lavoratori, tramite il quale il lavoratore può verificare l'applicazione delle misure di protezione (art. 18, co. 1, lett. *n*), T.U. 2008). Del resto, il RLS può richiedere copia solo per l'esercizio delle sue funzioni e la consultazione può avvenire esclusivamente in azienda (art. 18, co. 1, lett. *o*), T.U. 2008).

La giurisprudenza ha confermato che le limitazioni all'accesso al DVR si fondano sull'esigenza di contemperare il diritto dei lavoratori all'attuazione delle misure di sicurezza con quello del datore di lavoro (pubblico e privato) alla riservatezza delle informazioni aziendali (cfr., ad es., TAR Marche, 7.9. 2016).

Una maggiore flessibilità nell'adempimento dell'obbligo di valutazione dei rischi è stata concessa alle imprese di minori dimensioni (PMI), sul presupposto che queste ultime sono costrette ad affrontare maggiori difficoltà ed oneri economici più elevati. Pertanto, il T.U. 2008 (e le successive modificazioni) ha reso disponibili una pluralità di soluzioni e una serie di semplificazioni normative.

Per le imprese che occupano sino a 10 e sino a 50 dipendenti è stata ammessa l'adozione di «**procedure standardizzate**» (previste con decreto interministeriale 30 novembre 2012, *Recepimento delle procedure standardizzate di effettuazione della valutazione dei rischi*), che introducono una rilevante semplificazione attraverso una valutazione "guidata" ed una *chek-list* dei rischi presenti nei luoghi di lavoro (art. 29, co. 5-6, d. lgs. n. 81/2008).

Un ulteriore intervento nel segno della semplificazione a favore delle PMI, previsto dalla l. n. 98/2013, ha autorizzato il Ministro del Lavoro ad individuare con proprio decreto i settori economico-produttivi con bassi indici d'infortuni e di malattie professionali, allegando un «**modello semplificato**» con il quale il datore di lavoro può dimostrare di aver effettuato il monitoraggio dei rischi (cfr. art. 29, co. 6-*ter*, d. lgs. n. 81/2008).

In definitiva, la semplificazione risulta collegata alla ridotta dimensione occupazionale dell'impresa oppure al basso andamento infortunistico nel particolare settore economico: le PMI hanno la facoltà di utilizzare – in alternativa – le «procedure standardizzate» o il «modello semplificato».

Altre procedure standardizzate sono state introdotte, con il contributo tecnico della Commissione Consultiva permanente, per la valutazione dei rischi da interferenza negli appalti e nei processi di esternalizzazione produttiva (art. 6, lett. *m-ter*), d. lgs. n. 81/2008). Misure di semplificazione sono state predisposte anche per i cantieri edili (pubblici e privati), sebbene si tratti d'un ambito lavorativo che tradizionalmente presenta un elevato indice di rischiosità. Un'apposita regolamentazione interministeriale ha individuato i «modelli semplificati di riferimento» che le imprese affidatarie ed esecutrici delle opere edili e d'ingegneria civile «possono adottare» per la redazione dei piani di sicurezza [1] (art. 104-*bis*, d. lgs. n. 81/2008, introdotto *ex* l. n. 98/2013) (cfr. Cap. 7).

Il *trend* della semplificazione normativa è tuttora in crescita. La Commissione Consultiva permanente è abilitata ad elaborare altri «modelli semplificati» per la prevenzione dei rischi nelle PMI, da recepire con decreto ministeriale e provvisti dell'efficacia esimente della responsabilità che è propria dei Modelli di organizzazione e gestione della sicurezza dell'art. 30, d. lgs. n. 81/2008 (art. 6, co. 8, lett. *m*), d. lgs. n. 81/2008).

Peraltro, la semplificazione non si limita a considerare le imprese di minori dimensioni ma si rivolge a tutte le organizzazioni produttive, a prescindere dallo *stock* occupazionale e dagli specifici indici infortunistici. All'INAIL – anche in collaborazione con le ASL e il Coordinamento Tecnico delle Regioni – è stato affidato il compito di «rendere disponibili al datore di

[1] Il D.I. 9 settembre 2014 ha individuato "modelli semplificati" per la redazione del piano operativo di sicurezza (art. 89, co. 1, lett. *h*), d. lgs. n. 81/2008), del piano di sicurezza e coordinamento (art. 100, co. 1, d. lgs. n. 81/2008), del fascicolo dell'opera (art. 91, co. 1, lett. *b*), d. lgs. n. 81/2008), del piano di sicurezza sostitutivo di cui all'art. 131, co. 2, lett. *b*), d. lgs. n. 163/2006.

lavoro strumenti tecnici e specialistici per la riduzione dei livelli di rischio» (art. 28, co. 3-*ter*, d. lgs. n. 81/2008). Gli «strumenti tecnici» offerti alle imprese sono previsti «ai fini della valutazione» dei rischi nei luoghi di lavoro: dunque, è probabile che si tratti, ancora una volta, di modelli e procedure standardizzate per facilitare la mappatura dei rischi.

Al contempo, il Ministro del lavoro è stato delegato dal legislatore ad adottare con proprio decreto (altri) «strumenti di supporto per la valutazione dei rischi … tra i quali gli strumenti informatizzati secondo il **prototipo europeo OiRA** (*Online Interactive Risk Assessment*)» (29, co. 6-*quater*, T.U. 2008). Il riferimento è allo strumento disponibile (gratuitamente) tramite piattaforma web e sviluppato dall'Agenzia EU-OSHA per la valutazione dei rischi nelle imprese di minori dimensioni, relativamente a diversi settori produttivi (https://oiraproject.eu).

All'esito della sperimentazione attuata a livello nazionale, il Ministero del Lavoro ha approvato con decreto n. 61/2018 il prototipo OiRA per il settore "Uffici" ed una versione più aggiornata è stata varata con la Circolare congiunta INAIL-Ministero del Lavoro 23 marzo 2020. Altri Paesi dell'Unione europea hanno avallato l'utilizzo del *software* anche in settori che registrano una maggiore incidenza infortunistica (ad es., il settore agricolo, della manifattura e dell'autotrasporto). L'elaborazione di strumenti interattivi per la valutazione dei rischi riguarda anche le aziende multinazionali (EU-OSHA, *Case study. OIRA for a multinational company*, 2020). In ogni caso, si tratta di strumenti di adozione volontaria ai quali sono associate molteplici opportunità, anzitutto in termini di riduzione di costi.

A questo nuovo corso della semplificazione normativa occorre guardare senza pregiudizi. L'adozione dei modelli semplificati o standardizzati è pur sempre facoltativa per il datore di lavoro e, almeno nei settori produttivi dove la rischiosità è elevata, il legislatore ha cura di precisare che «resta ferma l'integrale applicazione della normativa» di sicurezza (così, il D.I. 9 settembre 2014 relativo alla prevenzione dei rischi nei cantieri). Dunque, rientra nella piena responsabilità del datore di lavoro l'opzione per una procedura di valutazione dei rischi semplificata o standardizzata.

Capitolo Quinto

Consultazione e partecipazione dei rappresentanti dei lavoratori per la sicurezza

1. La c.d. partecipazione equilibrata. Gli organismi paritetici per la sicurezza

Un pilastro fondamentale per la realizzazione del sistema di prevenzione e di sicurezza aziendale è quello della **partecipazione individuale e collettiva**.

La direttiva-quadro 89/391/CEE ha previsto l'obbligo del datore di consultare i lavoratori e/o i loro rappresentanti, favorendo la partecipazione in «tutte le questioni che riguardano la sicurezza e la protezione della salute durante il lavoro» (art. 11, § 1). Nella prospettiva indicata dalla fonte europea, ciò comporta l'adozione di strumenti e di istituti finalizzati alla «partecipazione equilibrata», al «dialogo» e alla «consultazione», pur con il rinvio alle legislazioni e alle prassi nazionali per la definizione dei contenuti e delle modalità concrete. Indicazioni più esplicite nella direttiva-quadro riguardano le prerogative da riconoscere ai rappresentanti dei lavoratori per la sicurezza affinché non subiscano alcun pregiudizio (economico o di altra natura) a causa dell'espletamento del loro mandato (cfr. art. 11, §§ 4-5-6).

Sulla scorta della disciplina europea, il legislatore italiano ha previsto che le misure generali di tutela della sicurezza debbano includere, da un lato, la «partecipazione e la consultazione dei lavoratori»; dall'altro, la «partecipazione e la consultazione dei rappresentanti dei lavoratori per la sicurezza» (art. 15, lett. *r-s*), d. lgs. n. 81/2008).

È probabile che nel definire il principio della «**partecipazione equilibrata**» (art. 11, dir. 89/391/CEE) il legislatore europeo intendesse esprimere un'opzione a favore d'una strategia collaborativa/partecipativa (anziché conflittuale) nella gestione del sistema di prevenzione. È di questo avviso anche una parte della dottrina italiana, che ha intravisto nella nozione della «partecipazione equilibrata» il segnale del passaggio da una logica di rappresentanza sindacale tradizionalmente conflittuale verso un nuovo assetto delle relazioni collettive (almeno tendenzialmente) di tipo partecipativo.

La cautela però resta d'obbligo, in quanto il tema della partecipazione non s'è (ancora) tradotto in una reale condivisione dei processi decisionali o di controllo nella gestione prevenzionistica, arrestandosi per lo più nell'area dell'informazione e della consultazione dei rappresentanti dei lavoratori per la sicurezza. Gli strumenti giuridici introdotti dal T.U. 2008 per realizzare quel disegno o progetto partecipativo, che traspare dalla direttiva-quadro, si sono rivelati abbastanza timidi e non del tutto adeguati.

Nel quadro della «partecipazione equilibrata» vengono valorizzati soprattutto gli **organismi paritetici territoriali e gli enti bilaterali** di origine sindacale, previsti dall'art. 51, d. lgs. n. 81/2008 (mod. dal d.l. n.146/2021, conv. in l. n. 215/2021).

Si tratta di organismi costituiti ad iniziativa delle organizzazioni sindacali del datori e dei lavoratori comparativamente più rappresentative sul piano nazionale, da intendersi «quali sedi privilegiate» per la programmazione di attività formative, l'elaborazione e raccolta di buone prassi in materia prevenzionistica, l'assistenza alle imprese finalizzata all'adempimento degli obblighi giuridici e «ogni altra attività o funzione assegnata loro dalla legge o dai contratti collettivi» (art. 2, co. 1, lett. *ee*), d. lgs. n. 81/2008).

A tali compiti se ne aggiungono altri più specifici, riconosciuti dal T.U. 2008: gli organismi paritetici assumono il ruolo di «prima istanza di riferimento in merito a controversie sorte sull'applicazione dei diritti di rappresentanza, informazione e formazione»; forniscono supporto alle imprese nell'individuazione di soluzioni tecnico-organizzative per la sicurezza dei lavoratori anche mediante sopralluoghi negli ambienti di lavoro.

Un particolare rilievo riveste **il compito di asseverazione** dell'attuazione ed efficace attuazione dei Modelli di Organizzazione e Gestione (MOG) adottati dalle imprese (art. 30, T.U. 2008), avvalendosi di commissioni paritetiche in possesso di competenze tecniche adeguate. In verità, il legislatore non ha esattamente definito la natura giuridica né il contenuto di tale attività di asseverazione; ha tuttavia incentivato le imprese a dotarsi del MOG e ad ottenere l'asseverazione, stabilendo che «gli organi di vigilanza possono tener conto ai fini della programmazione delle proprie attività» dell'attestazione rilasciata dagli organismi paritetici a favore delle imprese che adottino il MOG (art. 51, co. 3-*bis*, d. lgs. n. 81/2008) (cfr. Cap. 8).

Gli organismi paritetici comunicano ogni anno agli organi pubblici di vigilanza (Ispettorato Nazionale del Lavoro e INAIL) i dati relativi alle imprese che hanno aderito al sistema paritetico, nonché i dati relativi ai Rappresentanti dei lavoratori per la sicurezza territoriali (RLST) e soprattutto i dati relativi al rilascio delle asseverazioni dei MOG. La raccolta di tali informazioni è finalizzata ad individuare le priorità nella programmazione dell'attività di vigilanza, ma serve anche a determinare i giusti criteri di premialità a favore delle imprese nelle politiche promozionali attuate dall'INAIL (art. 51, co. 8-*bis* e co. 8-*ter*, d. lgs. n. 81/2008).

Il T.U. 2008 fa salvi gli organismi partecipativi e bilaterali che sono già stati istituiti dalla contrattazione collettiva di livello interconfederale, nazionale o territoriale e dai contratti collettivi aziendali in determinati settori economici (ad es., edilizia, artigianato). Presso il Ministero del Lavoro è stato istituito un **Repertorio degli organismi paritetici**, che presentano i requisiti identificativi che sono definiti tramite la consultazione delle organizzazioni sindacali datoriali e dei lavoratori comparativamente più rappresentative sul piano nazionale (art. 51, co. 1-*bis*, T.U. del 2008, introdotto con d.l. n. 146/2021, conv. in l. n. 215/2021).

L'esperienza dei sistemi paritetici territoriali è senza dubbio significativa, tuttavia si tratta probabilmente di segnali troppo deboli per intravedere il disegno d'un autentico modello di relazioni partecipative nell'ambito della prevenzione e sicurezza sul lavoro.

Ciò premesso, non si vuole concludere che le relazioni collettive in questo settore siano da iscrivere *a priori* in una dimensione solo conflittuale o di contrapposizione con le imprese. Non v'è dubbio che la legislazione multilivello (europea e nazionale) solleciti la cooperazione dei singoli lavoratori e dei loro rappresentanti in vista della più efficace realizzazione della prevenzione: più che di partecipazione si tratta, appunto, di una cooperazione finalizzata al corretto assolvimento degli obblighi di sicurezza da parte del datore di lavoro.

2. I Rappresentanti dei lavoratori per la sicurezza: definizione e profilo

Il T.U. 2008 sancisce chiaramente che «in tutte le aziende o unità produttive» è eletto o designato il **Rappresentante dei lavoratori per la sicurezza (RLS)**.

Tale soggetto – che assume un ruolo da protagonista nel sistema di prevenzione e sicurezza sul lavoro – opera «a livello territoriale o di comparto, aziendale e di sito produttivo»: la sua presenza e la sua attività di rappresentanza devono essere garantite in ogni luogo di lavoro, a prescindere dalle concrete dimensioni dell'azienda (art. 47, co. 1-2, d. lgs. n. 81/2008).

Le opzioni previste dal legislatore per le modalità di istituzione di tale figura assumono a riferimento la singola azienda, il territorio, il comparto o il sito produttivo per assicurare – dovunque – una copertura di tutela: il rappresentante dei lavoratori è individuato di norma a livello della singola azienda, oppure esercita il suo mandato per più aziende nell'ambito territoriale (RLST), o infine può operare in un determinato comparto o sito produttivo.

In quest'ultima ipotesi, il Rappresentante dei lavoratori di comparto o di sito svolge il suo mandato in specifici contesti, caratterizzati dalla compresenza di una pluralità di aziende o di cantieri o di impianti ad alto rischio (ad es., porti, impianti siderurgici, cantieri di grandi dimensioni). Il legislatore intende, infatti, valorizzare le particolari competenze che sono richieste al RLS che si trovi ad operare in ambienti produttivi e lavorativi molto complessi. Il rappresentante di sito produttivo è individuato tra gli RLS delle aziende interessate e presenti nel sito, su loro iniziativa (art. 49, d. lgs. n. 81/2008).

Come emerge dalla fonte europea, il RLS ha «una funzione specifica in materia di protezione della sicurezza e della salute dei lavoratori» (art. 11, co. 3, direttiva-quadro 89/391/CEE). La sua presenza è necessaria «in tutte le aziende o unità produttive» e le attribuzioni legali, elencate dall'art. 50, d. lgs. n. 81/2008, fanno propendere per una forma di rappresentanza di tipo "istituzionale", secondo un modello elettivo o basato sulla designazione da parte dei lavoratori.

La particolare natura di tale rappresentanza, istituita dal T.U. 2008, spiega perché non ricorra una stretta ed immediata coincidenza tra RLS e l'organismo titolare della rappresentanza sindacale a livello aziendale (RSA o

RSU), che ha invece una base volontaria e si fonda sul principio di libertà sindacale (art. 39 Cost.).

Pertanto, nelle aziende o unità produttive di minori dimensioni (sino a 15 dipendenti), il RLS è di solito eletto direttamente dai lavoratori, mentre nelle aziende o unità produttive che occupano oltre 15 dipendenti, dove a norma dello Statuto dei lavoratori viene istituita una RSA o RSU (art. 19 e 35 St. lav.), il rappresentante per la sicurezza «è eletto o designato dai lavoratori nell'ambito delle rappresentanze sindacali in azienda». In altri termini, il ruolo di rappresentanza è assunto da un componente dell'organismo sindacale aziendale (art. 47, co. 4, d. lgs. n. 81/2008).

In ogni caso, non viene mai meno la figura di rappresentanza per la sicurezza, in quanto «con riferimento a tutte le aziende o unità produttive del territorio o del comparto di competenza nelle quali non sia stato eletto o designato il rappresentante dei lavoratori per la sicurezza» è comunque prevista la presenza a livello territoriale del RLST (art. 48, T.U. 2008).

La contrattazione collettiva assume un particolare rilievo ai fini dell'individuazione di tale forma di rappresentanza e delle sue specifiche attribuzioni. Infatti, il T.U. 2008 prevede che «il numero, le modalità di designazione o di elezione ... nonché il tempo di lavoro retribuito e gli strumenti per l'espletamento delle funzioni sono stabiliti in sede di contrattazione collettiva». In pratica, viene stabilito per legge solo il numero minimo dei rappresentanti tenuto conto della dimensione aziendale, con la precisa indicazione che tale numero «è aumentato nella misura individuata dagli accordi interconfederali o dalla contrattazione collettiva» (art. 47, co. 5 e 7, d. lgs. n. 81/2008).

L'elezione dei RLS aziendali, territoriali e di comparto o sito produttivo avviene di norma in occasione della «giornata nazionale per la salute e sicurezza sul lavoro», che è individuata con decreto del Ministro del lavoro nell'ambito della giornata europea per la salute e sicurezza, sentite le organizzazioni sindacati comparativamente più rappresentative a livello nazionale. Resta salva, comunque, una diversa determinazione assunta in sede di contrattazione collettiva (art. 47, co. 6, T.U. 2008).

Ciò significa che il ruolo della legge è senza dubbio residuale rispetto alla contrattazione collettiva, che del resto è tempestivamente intervenuta in questa materia con appositi accordi collettivi interconfederali nei principali settori produttivi (cfr., ad es., A.I. Confindustria 12 dicembre 2018).

A garanzia dell'effettività e della trasparenza del mandato del RLS, nonché al fine di evitare i conflitti di interesse, il legislatore ha stabilito una precisa incompatibilità tra questa figura e quella del Responsabile o Addetto del Servizio di Prevenzione e protezione (art. 50, co. 7, T.U. 2008).

3. Compiti e attribuzioni dei Rappresenti dei lavoratori per la sicurezza

Le attribuzioni proprie del RLS possono essere raggruppate in tre diverse tipologie: a) **informazione, consultazione e partecipazione**; b) **proposta e promozione**; c) **controllo e accesso**.

Il RLS esercita i diritti di informazione nei confronti del datore di lavoro, ricevendo la documentazione aziendale inerente alla valutazione dei rischi, alle attrezzature e sostanze pericolose, all'organizzazione e agli ambienti di lavoro. In particolare, ai fini dell'espletamento della funzione di rappresentanza, il datore deve consegnare copia del DVR (art. 50, co. 4, T.U. 2008). L'obbligo di fornire informazioni concerne anche il numero degli infortuni e delle malattie professionali occorse nell'ambiente di lavoro (art. 50, co. 1, lett. *e*), T.U. 2008).

Diritti di informazione possono essere esercitati anche in relazione alla sorveglianza sanitaria: il medico competente, su richiesta del RLS, è tenuto a fornire i dati sull'attività di sorveglianza e, in occasione della riunione periodica, comunica per iscritto i risultati anonimi collettivi degli accertamenti medici (art. 25, co. 1, lett. *g*), lett. *i*), T.U. 2008). Infine, il RLS riceve informazioni provenienti anche dagli organi pubblici di vigilanza, con i quali intrattiene rapporti diretti (art. 50, co. 1, lett. *f*), T.U. 2008).

Ancora più significativi sono i diritti di consultazione, preventiva e tempestiva, in occasione della valutazione dei rischi, dell'elaborazione del documento di sicurezza e della programmazione delle attività di prevenzione aziendale (art. 50, co. 1, lett. *b*); art. 29, co. 2, T.U. 2008). La consultazione del RLS è obbligatoria anche in relazione alla designazione delle figure più rilevanti del sistema di prevenzione aziendale: il Responsabile e gli addetti del Servizio di prevenzione e protezione, gli addetti al servizio di emergenza e il medico competente. Infine, il RLS è consultato in merito alla programmazione e all'organizzazione delle attività di formazione in materia di salute e sicurezza (art. 50, co. 1, lett. *c*)-*d*), T.U. 2008).

I diritti di partecipazione si esprimono soprattutto attraverso la riunione periodica obbligatoriamente prevista per le aziende o unità produttive con più di 15 dipendenti. Il RLS ha tuttavia la facoltà di chiedere la convocazione della riunione anche nelle aziende di minori dimensioni (sino a 15 dipendenti), nelle ipotesi di «significative variazioni delle condizioni di rischio, compresa l'introduzione di nuove tecnologie con riflessi sulla salute dei lavoratori» (art. 35, co. 4, T.U. 2008).

Nell'ambito delle attribuzioni di controllo, il RLS ha diritto di accesso ai luoghi in cui si svolgono le lavorazioni per verificare l'osservanza e l'efficienza delle misure di prevenzione e, su richiesta, può accedere alla documentazione aziendale in materia di salute e sicurezza (DVR e DUVRI) (art. 50, co. 1, lett. *a*); co. 4-5, T.U. 2008). Ai compiti di controllo si aggiunge la possibilità di fare ricorso «alle autorità competenti», quando «ritenga che le misure di prevenzione e protezione dai rischi adottate dal datore di lavoro o dai dirigenti e i messi impiegati per attuarle non siano idonei a garantire la sicurezza e la salute durante il lavoro» (art. 50, co. 1, lett. *o*), T.U. 2008). In tal modo, il legislatore ha rafforzato e reso più efficace il controllo del RLS sul funzionamento del sistema di prevenzione aziendale.

Le attribuzioni propositive e promozionali presentano un largo raggio d'azione: il RLS ha un generale potere di proposta in merito all'attività di prevenzione e la possibilità di promuovere «l'elaborazione, l'individuazione e l'attuazione» delle misure di tutela ritenute idonee. Ha inoltre il potere/dovere di avvertire il responsabile aziendale (datore, dirigente, preposto) dei rischi eventualmente riscontrati nel corso della sua attività (art. 50, co. 1, lett. *h*)-*m*)-*n*), T.U. 2008). Nel quadro delle attribuzioni propositive si colloca anche il potere di formulare osservazioni in occasione delle visite ispettive e delle verifiche disposte dalle competenti autorità pubbliche di vigilanza, «dalle quali di norma è sentito» (art. 50, co. 1, lett. *i*), T.U. 2008).

Nel complesso si tratta di attribuzioni in un certo senso istituzionali (definite dalla legge come «funzioni»), perché conferite direttamente dalla legge (in armonia con la fonte europea). Peraltro, il legislatore ha rinviato in modo ampio alla contrattazione collettiva sia per quanto riguarda l'individuazione dei compiti specifici, sia quanto alla definizione delle garanzie che spettano al RLS per lo svolgimento dei propri compiti.

Dunque, l'elenco di attività costituisce solo la base minima e inderogabile delle prerogative riconosciute al RLS, che i contratti collettivi posso modificare *in melius* e ulteriormente arricchire. Del resto, spetta alla contrattazione di livello nazionale anche la definizione delle modalità e delle forme di esercizio delle funzioni che sono direttamente riconosciute dalla legge (art. 50, co. 3, T.U. 2008).

A presidio dell'esercizio effettivo del mandato di rappresentanza, il legislatore ha previsto una serie di garanzie che riguardano il «tempo necessario», senza perdita della retribuzione, e i «mezzi e spazi necessari», anche tramite l'accesso ai dati contenuti nelle applicazioni informatiche. Il RLS non può subire alcun pregiudizio a causa dell'espletamento del proprio ruolo e, nei suoi confronti, sono applicabili le stesse tutele che spettano per legge alle rappresentanze sindacali (dunque, anche se il RLS sia eletto direttamente dai lavoratori e non appartenga alla RSA o RSU) (art. 50, co. 2, T.U. 2008). Tra le tutele sindacali applicabili, la giurisprudenza comprende anche la repressione del comportamento antisindacale *ex* art. 28 St. lav. nelle ipotesi in cui il datore di lavoro intervenga o interferisca nella procedura di elezione o designazione, oppure quando ostacoli l'esercizio delle funzioni proprie del RLS.

Nella logica di garanzia dell'effettività delle prerogative, è previsto inoltre il diritto del RLS a ricevere una formazione specifica e adeguata in materia di prevenzione, con oneri economici a carico del datore di lavoro, secondo le previsioni della contrattazione collettiva (art. 37, co. 10, T.U. 2008).

Considerata la rilevanza dei diritti di informazione e accesso, è stato posto in capo al RLS un rigoroso obbligo di riservatezza – ed eventualmente di osservare il segreto industriale – in relazione ai contenuti della documentazione aziendale (spec. il DVR) e ai processi produttivi e lavorativi di cui sia venuto a conoscenza nell'esercizio delle sue funzioni (art. 50, co. 6, T.U. 2008).

I Protocolli nazionali anti-contagio adottati nel periodo di emergenza sanitaria da Covid-19 hanno valorizzato il ruolo degli RLS come interlocutori del datore di lavoro a livello aziendale, ma hanno anche introdotto nuovi organismi di rappresentanza collettiva che sono portatori di una logica di maggiore collaborazione endo-aziendale.

I Protocolli hanno previsto la costituzione di un «Comitato per l'applicazione e la verifica delle regole» prevenzionistiche, con la partecipazione degli RLS e dei componenti della RSA o RSU (art. 13). Qualora le particolari caratteristiche dell'impresa (ad es., le minori dimensioni) o del sistema di relazioni sindacali (ad es., la mancanza di una Rappresentanza sindacale aziendale) non consentissero di istituire un Comitato aziendale, i Protocolli anti-contagio hanno rinviato la sua costituzione al livello territoriale. Si prevede infatti, la possibilità di costituire un Comitato territoriale composto dagli Organismi paritetici per la salute e la sicurezza (ove presenti), con il coinvolgimento del Rappresentante dei lavoratori per la sicurezza territoriale (RLST) e delle organizzazioni sindacali.

In pratica, le esigenze emerse nell'emergenza pandemica hanno indotto le Confederazioni sindacali stipulanti i Protocolli a rafforzare la partecipazione e la collaborazione dei RLS, affiancati dai rappresentanti sindacali aziendali. La giurisprudenza ha riconosciuto l'importanza del coinvolgimento delle parti sociali, dichiarando il carattere antisindacale (ai sensi dell'art. 28 St. lav.) del comportamento del datore di lavoro che si opponga alla costituzione del Comitato, oppure escluda un soggetto collettivo o una rappresentanza sindacale legittimata a far parte di tale organismo previsto dal Protocollo di contenimento del rischio pandemico.

Capitolo Sesto

Il ruolo del lavoratore nella prevenzione. I diritti di informazione, formazione e addestramento

1. L'informazione e la formazione in materia di salute e sicurezza sul lavoro

L'obbligo **d'informazione in materia di salute e sicurezza** posto a carico del datore di lavoro concerne il «complesso delle attività dirette a fornire conoscenze utili all'identificazione, alla riduzione e alla gestione dei rischi in ambiente di lavoro» (art. 2, co. 1, lett. *bb*), T.U. 2008).

L'interpretazione giurisprudenziale precisa che tale dovere giuridico non può ritenersi soddisfatto attraverso meri divieti o avvertenze al lavoratore, ma il datore è tenuto ad informare in modo adeguato sulle conseguenze dannose per la salute e la sicurezza. L'informazione dev'essere effettiva: cioè, chiara e comprensibile, oltre che facilmente accessibile, specie quando il destinatario sia un lavoratore straniero e occorra una verifica preventiva del possesso della lingua veicolare.

Nonostante lo sforzo definitorio compiuto nel T.U. 2008, si tende spesso a confondere l'informazione e la formazione, o almeno a comprendere l'una e l'altra attività in una sola endiadi. Al fondo agisce il convincimento che, a dispetto delle distinte nozioni legislative, il discrimine tra l'uno e l'altro obbligo sia piuttosto sfumato. In realtà, la differenza tra l'attività di mera informazione e la formazione è un aspetto decisivo per innalzare lo *standard* di sicurezza e per la creazione di un'autentica cultura della prevenzione.

Il legislatore ha attribuito un'evidente centralità alla **formazione** teorico-pratica, con l'obiettivo di incrementare il livello di consapevolezza dei lavoratori. La formazione corre lungo un percorso circolare che coinvolge tutte le figure e i protagonisti della sicurezza, stabilendo una relazione biunivoca nella quale ciascuno è, al contempo, debitore e creditore.

Secondo la definizione normativa, la formazione consiste in un «processo educativo» globale che comprende «conoscenze e procedure» ed è diretto a fornire le competenze occorrenti «per lo svolgimento in sicurezza dei rispettivi compiti in azienda», in particolare quelle necessarie «alla identificazione, alla riduzione e alla gestione dei rischi» lavorativi (art. 2, co. 1, lett. *aa*), d. lgs. n. 81/2008).

La nozione chiarisce quale sia il contenuto essenziale dell'obbligo posto a carico del datore, distinguendo il processo educativo dalla mera attività d'informazione e dall'apprendimento pratico relativo all'uso di attrezzature e dispositivi di protezione.

Tutti gli attori del sistema di prevenzione aziendale sono parimenti destinatari di obblighi di informazione e (soprattutto) di formazione, secondo criteri di sufficienza e adeguatezza rispetto ai rischi lavorativi.

La formazione «adeguata» dei dirigenti, dei preposti, dei lavoratori e dei loro rappresentanti assume una particolare evidenza nell'elenco delle misure generali di tutela secondo l'art. 15, co. 1, lett. *n-p*), d. lgs. n. 81/2008. Il possesso di una formazione «specifica» deve caratterizzare, inoltre, i profili professionali delle figure garanti (datore, dirigenti e preposti) ed è richiesta, in aggiunta ai necessari titoli abilitativi, ai collaboratori e alle figure ausiliarie del datore di lavoro: Addetti e Responsabili dei servizi di prevenzione e protezione (interni ed esterni), medico competente (art. 38, d. lgs. n. 81/2008), incaricati della gestione dell'emergenza (art. 43, co. 3, d. lgs. n. 81/2008).

Persino il datore di lavoro è tenuto a curare la propria formazione ed il costante aggiornamento in relazione ai propri compiti in materia di prevenzione (art. 37, co. 7, T.U. 2008, mod. dal d.l. n. 146/2021, conv. in l. n. 215/2021), specialmente nell'ipotesi di svolgimento diretto di tali compiti (art. 34, d. lgs. n. 81/2008).

Una particolare attenzione viene rivolta all'effettività della formazione erogata al preposto, in considerazione dei suoi compiti operativi. Per assicurare l'adeguatezza e la specificità della formazione, nonché l'aggiornamento periodico, le relative attività devono svolgersi «interamente in presenza» ed essere reiterate con cadenza almeno biennale «e comunque ogni qualvolta sia reso necessario in ragione dell'evoluzione dei rischi o all'insorgenza di nuovi rischi» (art. 37, co. 7-*ter*, T.U. 2008, introdotto dal d.l. n. 146/2021, conv. in l. n. 215/2021).

Una formazione «specifica» e mirata sui rischi dell'attività lavorativa è prevista, sebbene giuridicamente solo come «facoltà», anche per i lavoratori autonomi, gli artigiani e i piccoli commercianti, i componenti dell'impresa familiare e gli operatori del settore agricolo *ex* art. 21, d. lgs. n. 81/2008.

1.2. Contenuti e modalità della formazione per la sicurezza sul lavoro

In relazione ai contenuti e alle modalità di erogazione della formazione, occorre considerare una pluralità di riferimenti normativi e di fonti: si combinano tra loro la legislazione statale e la regolamentazione secondaria (cfr., ad es., d.m. 6 marzo 2013 relativo alla qualificazione dei formatori per la sicurezza), gli Accordi della Conferenza Stato-Regioni-Province Autonome, la contrattazione collettiva.

In particolare, la durata, i contenuti minimi e le modalità di erogazione della formazione (incluse le verifiche finali di apprendimento) sono stabilite mediante gli accordi in sede di Conferenza Stato-Regioni e previa consultazione delle parti sociali (art. 37, co. 2, T.U. 2008, mod. dal d.l. n. 146/2021, conv. in l. n. 215/2021).

In altri termini, i contenuti e le modalità di svolgimento dei percorsi formativi devono porsi in diretta correlazione con le caratteristiche dell'ambiente lavorativo e, non da ultimo, con le particolari esigenze e le condizioni soggettive dei destinatari (ad es., per tener conto delle conoscenze linguistiche del lavoratore o della sua condizione di migrante: art. 37, co. 1 e co. 13, d. lgs. n. 81/2008). Ciò significa che deve escludersi una formazione generica ed indifferenziata, ma occorre una partecipazione attiva del lavoratore e non si può prescindere da un momento valutativo conclusivo, che verifichi il conseguimento dell'obiettivo formativo prima della concreta adibizione alle mansioni. Dunque, l'attività formativa dev'essere documentabile dal datore di lavoro e necessariamente procedimentalizzata, mentre il semplice affiancamento temporaneo di personale più capace non può costituire una valida attività di formazione.

L'obbligo formativo riguarda i rischi generali e quelli specifici, perché riferiti alla mansione, nonché le misure di prevenzione e protezione che sono caratteristiche del settore produttivo al quale appartiene l'azienda. L'attività formativa, in ogni caso, è necessaria in occasione della costituzione del rapporto di lavoro, del trasferimento o del mutamento delle mansioni, come pure in caso di introduzione di nuove attrezzature di lavoro, nuove tecnologie e sostanze pericolose (art. 37, co. 4, T.U. 2008). In pratica, la formazione è richiesta in tutte le ipotesi in cui si modifica il rischio al quale è sottoposto il lavoratore e va ripetuta periodicamente in relazione all'evoluzione della rischiosità o all'insorgenza di nuovi rischi (art. 37, co. 5, T.U. 2008).

L'adempimento dell'obbligo formativo acquista uno specifico spessore soprattutto in occasione dell'accertamento della responsabilità per l'infortunio. La violazione o l'omissione del datore di lavoro, tuttavia, è di per sé apprezzabile ai fini della sanzione contravvenzionale prevista dall'art. 55, co. 5, lett. *c*), d. lgs. n. 81/2008. Inoltre, la mancata formazione è inclusa tra le «gravi violazioni ai fini dell'adozione del provvedimento di sospensione dell'attività imprenditoriale» secondo l'art. 14, d. lgs. n. 81/2008 e l'All. I (cfr. Cap. 8).

Alla formazione teorica si aggiunge l'**addestramento pratico**, da intendersi – secondo la definizione dell'art. 2, co. 1, lett. *cc*), T.U. 2008 – come «il complesso delle attività dirette a far apprendere ai lavoratori l'uso corretto di attrezzature, macchine, impianti, sostanze, dispositivi, anche di protezione individuale, e le procedure di lavoro». Oltre a prevedere che l'addestramento venga effettuato sul luogo di lavoro e a cura di una persona esperta, il legislatore ha specificato che lo svolgimento di tale attività dev'essere verificabile, e pertanto il datore di lavoro è tenuto al «tracciamento», utilizzando «un apposito registro anche informatizzato» (art. 37, co. 5, T.U. 2008, come modificato dal d.l. n. 146/2021, conv. in l. n. 215/2021).

2. Gli obblighi di sicurezza a carico del lavoratore

Dalla direttiva-quadro 89/391/CEE deriva l'intera architettura della prevenzione, incluso il disposto dell'art. 20 d. lgs. n. 81/2008 che pone in capo ad ogni singolo lavoratore **l'obbligo di tutelare la propria salute e sicurezza**, partecipando attivamente all'attuazione della prevenzione aziendale.

La prima parte della norma prevede, in termini generali, l'obbligo del lavoratore di prendersi cura della propria salute e sicurezza e di quella delle altre persone che sono presenti nel luogo di lavoro (colleghi, utenti, ecc.). Vi sono tuttavia dei limiti precisi rispetto al dovere di attivarsi: infatti, il contenuto dell'obbligo di cura dev'essere coerente all'informazione e alla formazione ricevuta, alle istruzioni e ai mezzi di protezione che sono stati forniti dal datore di lavoro (art. 20, co. 1, d. lgs. n. 81/2008).

Il legislatore elenca, in aggiunta al dovere generale di cura, alcuni obblighi specifici di auto-protezione del lavoratore: ad es., in relazione all'utilizzo degli strumenti di lavoro, delle sostanze e delle attrezzature, alla segnalazione immediata delle carenze della prevenzione aziendale, all'uso appropriato dei dispositivi individuali di protezione (DPI). Richiede al lavoratore di adoperarsi, in caso di urgenza, per eliminare o contenere le situazioni di pericolo, pur sempre operando «nell'ambito delle proprie competenze e possibilità» (art. 20, co. 2, lett. *e*), T.U. 2008).

Per la violazione di tali doversi specifici, oltre all'eventuale responsabilità disciplinare del lavoratore (trattandosi di una responsabilità collegata all'esecuzione non corretta della prestazione lavorativa), è prevista a suo carico anche una sanzione penale *ex* art. 59, d. lgs. n. 81/2008, che svolge soprattutto una funzione di coazione psicologica all'adempimento delle misure di auto-protezione.

Il legislatore richiama, infine, il dovere del lavoratore di collaborare con le figure garanti (datore di lavoro, dirigenti e preposti) e di contribuire alla realizzazione dell'obiettivo della migliore prevenzione aziendale (sebbene tale dovere sia sprovvisto di una precisa sanzione).

In base a questa premessa, una parte degli interpreti tende ad accentuare il coinvolgimento del singolo lavoratore, sottolineando il **ruolo attivo** che è richiesto dal legislatore e giungendo talora ad evocare un (inedito) principio di auto-responsabilità: nel senso che questi dovrebbe ritenersi responsabile dei propri comportamenti e della cura della propria salute e sicurezza, così esonerando da ogni responsabilità il datore che possa dimostrare di avere correttamente adempiuto ai propri obblighi. Si sottolinea, infatti, che la formazione in materia di sicurezza costituisce una misura di responsabilizzazione del lavoratore, nell'ottica d'un interesse condiviso – comune ad entrambe le parti del rapporto di lavoro – alla realizzazione di un'organizzazione del lavoro sicura.

Anche in occasione dell'introduzione del c.d. lavoro agile il legislatore ha ritenuto di dover specificare che il lavoratore «è tenuto a *cooperare* all'attuazione delle misure di prevenzione predisposte dal datore di lavoro per fronteggiare i rischi connessi all'esecuzione della prestazione all'esterno dei locali aziendali» (art. 22, co. 2, l. n. 81/2017).

Gli argomenti proposti per introdurre un principio di auto-responsabilità del lavoratore sono suggestivi ed entro certi limiti condivisibili. Vi si coglie il legittimo sforzo di premiare l'atteggiamento consapevole e responsabile, contrastando i comportamenti diffusi di superficialità e sottovalutazione dei rischi professionali. E tuttavia, la principale fonte europea chiarisce che il ruolo attivo del lavoratore consiste nel contribuire all'attività di prevenzione aziendale; mentre questa attività compete anzitutto alle figure garanti, le quali «hanno una funzione specifica in materia di protezione della salute e della sicurezza». In altre parole, al singolo lavoratore si può chiedere solo di impegnarsi «a rendere possibile … al datore di lavoro di garantire che l'ambiente e le condizioni di lavoro siano sicuri» (art. 13, co. 2, lett. *e*)-*f*), dir. 89/391/CEE).

Con altrettanta chiarezza la fonte europea stabilisce che gli obblighi di condotta esigibili dal lavoratore in materia di salute e sicurezza «non intaccano il principio della responsabilità del datore di lavoro» (art. 5, § 3). Un principio che resta fermo e al quale non si può contrapporre uno speculare principio di auto-responsabilità.

Una questione largamente discussa riguarda il dovere del lavoratore di sottoporsi ai controlli sanitari disposti dal medico competente (art. 20, co. 2, lett. *i*), T.U. 2008).

La giurisprudenza ha adottato un orientamento talvolta ondivago, assumendo l'illegittimità del licenziamento disciplinare irrogato in caso di rifiuto del controllo sanitario. Un diverso avviso, tuttavia, è stato espresso dalla Cassazione, secondo cui «la visita medica di idoneità alle mansioni è prescritta per legge» e costituisce un adempimento obbligatorio per il datore di lavoro. Non può quindi ritenersi consentito il rifiuto del lavoratore (e, pertanto, è legittimo l'eventuale licenziamento) (cfr., ad es., Cass. lav., n. 22094/2022).

Durante l'emergenza sanitaria da Covid-19 si è dibattuto a lungo a proposito dell'obbligo del lavoratore di sottoporsi a vaccinazione, specie se esposto ad un elevato rischio di contagio in ragione delle mansioni espletate (ad es., personale medico e sanitario).

Si sono contrapposte tesi differenti, che hanno animato un rilevante contenzioso giudiziario. La prima, favorevole a ritenere illegittimo il rifiuto di sottoporsi al vaccino, si è fondata sul rinvio all'art. 2087 c.c. oltre che alle norme che impongono al datore di garantire la salute del lavoratore (art. 18, d. lgs. n. 81/2008). Un obbligo al quale – secondo questa tesi, corrisponde il preciso dovere del lavoratore di collaborare e di «prendersi cura della propria salute e sicurezza e di quella delle altre persone presenti nel luogo di lavoro», come recita l'art. 20, T.U. 2008.

La prospettiva opposta, accreditata anche da una parte della giurisprudenza di merito, ha richiamato l'art. 32, co. 2, Cost. che sancisce un diritto inviolabile alla salute e riconosce la libertà di cura, consentendo al singolo di rifiutare i trattamenti sanitari, salva una precisa disposizione di legge. Ne deriva, secondo questa impostazione, la possibilità del lavoratore di rifiutare di sottoporsi al vaccino senza alcun pregiudizio per il suo rapporto di lavoro.

Il dibattito è stato superato, almeno in parte, dall'intervento del legislatore che ha imposto l'obbligo vaccinale, sia pure per un tempo definito dalla normativa emergenziale, a carico del personale dei settori sanitario, parasanitario e socio-assistenziale. Tale intervento normativo non ha tuttavia optato per l'imposizione di un obbligo assoluto, stabilendo solo che la vaccinazione costituisce un requisito essenziale per lo svolgimento delle attività d'interesse sanitario e garantendo comunque la conservazione del posto di lavoro per il personale non disposto a fruire del vaccino offerto dal datore di lavoro (cfr. d.l. n. 44/2021, conv. in l. n. 76/2021).

3. I mezzi di auto-tutela del diritto del lavoratore alla salute e alla sicurezza

La direttiva-quadro 89/391/CEE contempla espressamente l'ipotesi del pericolo grave, immediato e che non può essere evitato, introducendo un **diritto del lavoratore all'allontanamento dal posto di lavoro,** senza alcun pregiudizio o penalizzazione in termini retributivi. Prevede inoltre l'obbligo del datore d'informare «il più presto possibile» i lavoratori che possono trovarsi in situazioni di emergenza, fornendo loro istruzioni e mezzi idonei a far cessare il pericolo, nonché apprestando «le misure adeguate per evitare le conseguenze di tale pericolo» (cfr. art. 8, §§ 4-5, direttiva-quadro 89/391/CEE).

In coerenza con la fonte europea, il legislatore italiano ha previsto il diritto all'allontanamento dal posto di lavoro in caso di **pericolo grave ed immediato**, oltre alla garanzia di "immunità" per il lavoratore che, nell'imminenza del pericolo, non risponde della mancata esecuzione della prestazione, ma assuma misure concrete per fronteggiare l'emergenza (salva l'ipotesi della sua «grave negligenza») (art. 44, d. lgs. n. 81/2008).

Si tratta di una forma di auto-tutela contrattuale che ha un fondamento anche nelle regole generali di correttezza e di buona fede che governano lo svolgimento del rapporto di lavoro.

La questione, tuttavia, non si pone solo nelle situazioni d'emergenza. Applicando i comuni principi in materia contrattuale, la giurisprudenza consente al lavoratore (in quanto creditore di sicurezza) di rifiutare la sua prestazione, promuovendo la c.d. eccezione d'inadempimento (art. 1460 c.c.) allo scopo di reagire nei confronti di eventuali omissioni o violazioni da parte del datore di lavoro (in quanto debitore di sicurezza).

Peraltro, il legittimo esercizio dell'eccezione d'inadempimento presuppone una valutazione comparativa delle posizioni delle parti del contratto di lavoro: il giudice dovrà verificare la proporzionalità tra i rispettivi comportamenti, tenuto conto degli obblighi specifici che incombono su ciascun contraente. Come ha chiarito la giurisprudenza, l'esercizio dell'auto-tutela da parte del lavoratore potrà ammettersi solo quando sia motivato da un inadempimento grave o gravissimo dell'obbligo di sicurezza del datore di lavoro, suscettibile di «incidere in maniera irrimediabile sulle esigenze vitali del lavoratore» (Cass. n. 22094/2022; Cass. n. 836/2018).

Pare evidente che si alluda a situazioni particolari e praticamente residuali, in cui la condotta del datore o la sua omissione siano in grado di mettere in grave pericolo la salute e la sicurezza del lavoratore. In concreto, si tratta di ipotesi che sono sottoposte al prudente apprezzamento del giudice di merito che, di norma, non è sindacabile in sede di giudizio di legittimità davanti alla Corte di Cassazione.

In simili ipotesi, quando sia ritenuta corretta l'azione di auto-tutela, la giurisprudenza riconosce al lavoratore il diritto di sospendere la prestazione e di conservare l'intero trattamento retributivo.

Il diritto di sospendere **la prestazione e di allontanarsi dal posto di lavoro, include anche il diritto di non riprendere l'attività** fino a quando persista una situazione di «pericolo grave e immediato». Il datore di lavoro, il dirigente e il preposto devono astenersi dal formulare al lavoratore una richiesta di proseguire o di riprendere l'esecuzione della prestazione, salvo un'«eccezione debitamente motivata da esigenze di tutela della salute e sicurezza» (art. 18, co. 1, lett. *m*); art. 19, co. 1, lett. *e*), T.U. 2008).

Ai mezzi di auto-tutela del diritto alla salute e alla sicurezza, si aggiunge inoltre la possibilità per il lavoratore di verificare «mediante (l'intervento de) il RLS», «l'applicazione delle misure di sicurezza e protezione della salute», senza che il datore possa opporsi (art. 18, co. 1, lett. *n*), T.U. 2008).

Capitolo Settimo

La sicurezza sul lavoro nei processi di esternalizzazione

1. I processi di esternalizzazione e le regole di prevenzione: campo di applicazione

La tutela della salute e sicurezza dei lavoratori riveste un ruolo rilevante nelle catene degli appalti e nei processi di esternalizzazione di parti o fasi dell'organizzazione aziendale. Nell'ambito di tali fenomeni l'andamento infortunistico risulta elevato, specie a causa della frammentazione produttiva che rende difficoltosa l'individuazione delle figure garanti e l'operatività delle misure di prevenzione e protezione.

La norma fondamentale (art. 26, d. lgs. n. 81/2008) è stata più volte modificata da interventi legislativi che si sono succeduti nel tempo e rendono piuttosto complessa l'interpretazione del testo e la sua applicazione.

In primo luogo, va segnalata una disomogeneità tra la rubrica della norma e il suo contenuto precettivo. L'intestazione allude ai «contratti d'appalto, d'opera e di somministrazione», mentre il dettato sembra riferirsi quasi esclusivamente agli appalti (e marginalmente al contratto d'opera). Occorre dunque superare il dato letterale e considerare la *ratio* dell'art. 26, d.lgs. n. 81/2008: quella d'introdurre una tutela appropriata a favore dei lavoratori utilizzati nei processi di esternalizzazione e che sono esposti ad un rischio aggiuntivo, di tipo interferenziale, per la loro salute e sicurezza.

Ciò comporta l'applicazione della disciplina prevenzionistica in tutte le ipotesi in cui – a prescindere dallo schema contrattuale adottato per l'operazione economica (sia un tipo nominato o meno) – si realizzi uno scopo economico-produttivo e, soprattutto, si determini un'interferenza tra le lavorazioni e le attività delle imprese coinvolte.

La prima e principale condizione per l'effettività delle regole di sicurezza nei processi di esternalizzazione è la genuinità del contratto di affidamento a terzi dei lavori, servizi e forniture. Deve trattarsi, infatti, di contratti stipulati tra soggetti che rivestano sostanzialmente, e non fittiziamente, la qualifica di imprenditore o lavoratore autonomo, assumendo in proprio il rischio economico nonché disponendo dei poteri organizzativi e di gestione del personale. Il contratto di affidamento concluso con un mero intermediario o un appaltatore fittizio comporta l'assunzione diretta della responsabilità in capo al Committente dei lavori, servizi e forniture (che solo apparentemente siano affidati ad altri).

Una questione rilevante attiene al campo di applicazione degli obblighi di tutela che competono al Committente: la normativa si riferisce agli appalti che si svolgono all'interno dell'azienda o dell'unità produttiva, nonché a quelli che sono eseguiti nell'ambito «dell'intero ciclo produttivo dell'azienda medesima». Al criterio c.d. topografico relativo agli **appalti interni** o endo-aziendali, si affianca un criterio c.d. funzionale che ha l'obiettivo di estendere la tutela della sicurezza anche alle lavorazioni che sono funzionalmente collegate o comunque attinenti all'organizzazione del Committente, sebbene destinate a svolgersi in un ambiente lavorativo esterno o extra-aziendale.

Un limite all'estensione della tutela è costituito, tuttavia, dalla clausola secondo cui gli obblighi di sicurezza gravano sul Committente «sempre che abbia **la disponibilità giuridica dei luoghi** in cui si svolge l'appalto o la prestazione di lavoro autonomo». La clausola normativa sembra reintrodurre la prevalenza del criterio topografico, esigendo che il Committente abbia un legittimo titolo giuridico (proprietà, possesso o detenzione) sui luoghi dove si svolge l'attività in appalto.

A questa interpretazione restrittiva si contrappone una diversa tesi: a prescindere dal titolo giuridico in capo al Committente, si può ritenere che l'obbligo di sicurezza sorga anche nell'ipotesi in cui sussista comunque la materiale disponibilità di tali luoghi. In tal senso pare orientata una parte della giurisprudenza, che ha sottolineato come la compresenza di più operatori economici concorra a configurare materialmente l'ambiente nel quale il lavoratore è tenuto ad operare, facendo sorgere l'esigenza di garantire la prevenzione dei rischi, senza che rilevi l'astratta titolarità giuridica dei luoghi di esecuzione dell'appalto.

L'art. 26 T.U. 2008 introduce, inoltre, alcune disposizioni applicabili anche agli **appalti pubblici** per l'affidamento di lavori, servizi e forniture. Il legislatore ha inteso, per quanto possibile, raccordare la disciplina prevenzionistica del settore pubblico e privato, così da rendere più omogenea la tutela dei lavoratori utilizzati nei processi di esternalizzazione. Il T.U. 2008 afferma la sua centralità «per quanto non diversamente disposto» (così l'art. 26, co. 7) e, in tal modo, attribuisce carattere generale della normativa prevenzionistica, che risulterebbe sempre applicabile salvo le eccezioni e le esplicite deroghe contenute nel Codice dei contratti pubblici (cfr. d. lgs. n. 50/2016 e s.m.i.). Il coordinamento tra i due testi nomativi resta però tutt'altro che agevole.

2. Gli obblighi prevenzionistici e il Documento di valutazione del rischio da interferenza

Gli obblighi prevenzionistici posti a carico del Committente riguardano la fase preventiva all'affidamento e la successiva fase di esecuzione.

Si tratta di doveri che attengono, in primo luogo, all'individuazione dell'appaltatore in possesso di **idonee caratteristiche e di capacità tecnico-professionali** adeguate all'oggetto dell'affidamento. In questa fase sussiste anche l'obbligo di fornire all'appaltatore tutte le informazioni «dettagliate» sui rischi specifici e sui sistemi di prevenzione adottati nei luoghi in cui si svolgerà l'appalto (art. 26, co. 1, d. lgs. n. 81/2008).

Durante l'esecuzione dei lavori, servizi o forniture sono previsti doveri di **cooperazione** tra tutti i datori di lavoro coinvolti (Committente, appaltatori ed eventuali sub-appaltatori), nonché doveri di **coordinamento** degli interventi di tutela della sicurezza, oltre all'**informazione reciproca:** tutti gli obblighi sono finalizzati a gestire il rischio determinato «dall'interferenza tra i lavori delle diverse imprese coinvolte nell'esecuzione dell'opera complessiva» (art. 26, co. 2, lett. *a-b*), d. lgs. n. 81/2008).

In attuazione dell'obbligo di cooperazione/coordinamento tra gli operatori economici coinvolti nell'affidamento, dev'essere elaborato il **Documento unico di valutazione del rischio da interferenza (DUVRI)**, salve le specifiche ipotesi di esonero che sono tassativamente previste (art. 26, co. 3, d. lgs. n. 81/2008).

A differenza del DVR che rientra nell'esclusiva e non delegabile responsabilità del datore di lavoro (art. 17, co. 1, lett. *a*), T.U. 2008), il documento relativo al rischio da interferenza può essere elaborato e sottoscritto anche da altri soggetti (ad es., un dirigente o un delegato del Committente). Il legislatore sembra privilegiare, in questo caso, la competenza professionale di colui che gestisce l'attività economica in appalto e può assicurare una continua sorveglianza sul rispetto delle cautele prevenzionistiche. In questa logica, si dispone che, in relazione agli appalti pubblici, il DUVRI sia redatto «dal soggetto titolare del potere gestionale e di spesa relativo alla gestione dello specifico appalto» (art. 26, co. 3, ult. periodo).

Il DUVRI è allegato al contratto di appalto e va costantemente adeguato in funzione dell'evoluzione dei lavori, servizi e forniture, che ovviamente comportano anche un'evoluzione dei rischi lavorativi. Ha ad oggetto l'individuazione, la valutazione e la prevenzione dei rischi da interferenza, mentre non considera i «rischi specifici propri dell'attività delle imprese appaltatrici o dei lavoratori autonomi». I soggetti affidatari, infatti, restano tenuti a provvedere alla valutazione dei rischi che sono generati dalla propria organizzazione produttiva e all'elaborazione del proprio DVR.

La normativa non fornisce alcuna precisa definizione del **rischio da interferenza**, ma si limita a contrapporre tale nozione a quella di rischio specifico e proprio di ciascun datore di lavoro o lavoratore autonomo. La definizione corrente è stata offerta dalla giurisprudenza (spec. quella penale), che ha qualificato il rischio da interferenza come il «contatto rischioso» tra il personale del Committente e quello dipendente dall'appaltatore. Mentre i rischi propri di ogni singolo operatore economico attengono alla sua particolare organizzazione produttiva e devono essere gestiti attraverso una specifica valutazione e la redazione di un idoneo DVR.

Il legislatore ha poi introdotto alcune particolari ipotesi di **esonero dall'obbligo** di predisporre il DUVRI, fermo restando a carico dei datori di lavoro coinvolti nel processo di esternalizzazione l'assolvimento dei doveri di cooperazione e di coordinamento delle misure di sicurezza. L'obbligo infatti viene meno per l'esecuzione di servizi di natura intellettuale, per le mere forniture di materiali o attrezzature, per i lavori o servizi di durata non superiore a 5 uomini-giorno (salvo il caso in cui sussistano rischi elevati derivanti da agenti cancerogeni, biologici, atmosfere esplosive, ecc.) (art. 26, co. 3-*bis*, T.U. 2008). Il legislatore considera che, in tali ipotesi tassativamente previste, l'elaborazione del DUVRI comporti un adempimento troppo oneroso per il Committente e per l'appaltatore, anche in considerazione della (presunta) ridotta rischiosità delle attività dedotte in appalto. Resta quindi in facoltà dei datori di lavoro coinvolti la possibilità di adottare o meno il DUVRI.

Peraltro, v'è da chiedersi cosa accada quando il rischio di eventi lesivi, sottostimato dal legislatore e dai soggetti titolari dell'affidamento, provochi invece un danno alla salute dei lavoratori e si accerti che i datori di lavoro avevano una chiara consapevolezza dell'esistenza del contatto rischioso.

Un'altra ipotesi di alleggerimento dell'obbligo relativo al DUVRI è stata prevista dall'art. 6, co. 8, lett. *m-ter*), T.U. 2008, che ha attribuito alla Commissione consultiva permanente il compito di elaborare «procedure standardizzate», previa individuazione delle tipologie di attività nelle quali l'interferenza tra lavorazioni «risulti irrilevante». In pratica, è stata riconosciuta la possibilità d'individuare ulteriori ipotesi di quasi-esonero dall'obbligo del DUVRI in relazione ad ambiti produttivi ritenuti poco rischiosi.

A beneficio delle imprese committenti e appaltatrici che operino in settori a basso rischio (individuati con apposito decreto ministeriale) è stata prevista, inoltre, la facoltà di nominare un soggetto «**incaricato**», non altrimenti definito dal T.U. 2008. Si tratta di un soggetto in possesso di adeguate competenze professionali, formazione ed esperienza in materia di sicurezza, al quale è assegnato l'incarico di sovraintendere alle attività di cooperazione e di coordinamento della prevenzione. La nomina (o sostituzione) dell'incaricato dev'essere indicata nel contratto di affidamento, ai fini della riconoscibilità da parte dei Rappresentanti dei lavoratori per la sicurezza e degli stessi lavoratori.

Va sottolineato, tuttavia, che tale soggetto assume solo compiti operativi e non ricopre alcun ruolo di garanzia nei confronti dei lavoratori, pertanto non può essere assimilato né confuso con le figure garanti della sicurezza (datore di lavoro, dirigente e preposto).

3. Gli oneri economici per la sicurezza sul lavoro negli appalti

Collegato all'obbligo di elaborare il DUVRI v'è anche il dovere di indicare «specificatamente» gli **oneri economici per la sicurezza** sul lavoro (art. 25, co. 6, d. lgs. n. 81/2008).

La stima dei costi dovrà essere adeguata e congrua rispetto alle misure di prevenzione e protezione da adottare, con l'indicazione analitica delle voci. Inoltre, la stima dev'essere effettuata «nei singoli contratti» di affidamento: ciò significa che, nella filiera degli appalti e subappalti, gli oneri per la sicurezza dovranno essere concretamente determinati in relazione ad ogni specifica operazione economica.

Il legislatore precisa che i costi per la prevenzione dei rischi da interferenza «non sono soggetti al ribasso», pertanto occorre che abbiano un'evidenza distinta in ogni contratto di affidamento e siano indicati separatamente rispetto al prezzo dell'appalto. Naturalmente non è escluso che, fermo restando il divieto di ribasso, la stima iniziale venga modificata o adeguata, in fase di cooperazione-coordinamento fra il Committente e i soggetti affidatari, qualora siano sopravvenute esigenze di carattere tecnico-organizzativo che richiedono una contestuale modifica del DUVRI.

L'indicazione degli oneri per la sicurezza è obbligatoriamente inserita nel contratto di appalto e prescritta a pena di nullità ai sensi dell'art. 1418 c.c., trattandosi di una norma imperativa di legge che stabilisce un elemento essenziale del contratto medesimo. La sanzione civilistica della nullità sembra colpire l'intero contratto d'appalto, sicché – secondo i principi generali – il vizio potrebbe essere fatto valere da chiunque vi abbia interesse.

A ben vedere, però, l'art. 26, co. 5, ult. periodo, T.U. 2008 ha già individuato, almeno indirettamente, i principali interessati ad invalidare il contratto di appalto in mancanza dell'indicazione dei costi per la sicurezza, prevedendo l'accesso (su richiesta) a tali dati da parte dei Rappresentanti dei lavoratori per la sicurezza e degli organismi locali delle organizzazioni sindacali comparativamente più rappresentative a livello nazionale.

Gli interpreti dubitano (con qualche fondamento) che il rimedio civilistico della nullità del contratto d'appalto sia idoneo ad assicurare la trasparenza e l'effettività dei costi per la sicurezza sul lavoro, ma si sottolinea al contempo che, in mancanza di una sanzione specifica e più efficace introdotta dal T.U. 2008, non sono esperibili altri strumenti di reazione.

4. La responsabilità solidale per il risarcimento dei danni da infortunio sul lavoro

L'imprenditore committente (qui il legislatore chiarisce che deve trattarsi di un'impresa) risponde in solido con l'appaltatore e con gli eventuali subappaltatori per «tutti i danni per i quali il lavoratore, dipendente dall'appaltatore o subappaltatore, non risulti indennizzato ad opera dell'INAIL» (art. 26, co. 4, d. lgs. n. 81/2008).

Si tratta di una disposizione di notevole rilievo giuridico perché, attraverso la garanzia della responsabilità solidale, garantisce ai lavoratori utilizzati nell'appalto il risarcimento di «tutti i danni» eventualmente arrecati alla salute e che non siano stati già indennizzati dall'assicurazione sociale pubblica.

Vanno sottolineati tuttavia alcuni limiti di operatività della garanzia.

Anzitutto, l'obbligazione solidale vincola solo il Committente che rivesta la qualifica di imprenditore, restando esclusi i datori di lavoro pubblici e quelli non imprenditori. Inoltre, il dettato normativo si riferisce espressamente al solo caso dell'appalto e del subappalto, senza citare altre ipotesi di affidamento esterno. Ragioni di coerenza tuttavia inducono a superare la lacuna, facendo ricorso alla *ratio* di tutela dell'art. 26, d. lgs. n. 81/2008 che si riferisce a tutti i fenomeni di esternalizzazione produttiva.

Va precisato, infine, che il vincolo di solidarietà passiva tra il committente e i soggetti affidatari non riguarda il risarcimento dei danni da lesioni arrecate ai lavoratori che siano la conseguenza dei rischi propri ed esclusivi dell'attività di ciascuna impresa affidataria, ma solo quelli derivanti dall'interferenza pericolosa tra le attività lavorative svolte in regime di affidamento.

Capitolo Ottavo

La vigilanza e le violazioni. I modelli di organizzazione e gestione della sicurezza sul lavoro

1. Gli organi pubblici di vigilanza

Il tema della vigilanza sull'applicazione della normativa prevenzionistica è da tempo in una fase di transizione e di riassetto organizzativo degli organi pubblici che vi sono preposti. La disciplina contenuta nel T.U. 2008 era dichiaratamente provvisoria, ma neppure l'intervento legislativo più recente (cfr. d.l. n. 146/2021, conv. in l. n. 215/2021) assume un carattere definitivo, poiché introduce ancora una volta una clausola di rinvio ad un futuro «complessivo riordino delle competenze».

La principale novità del quadro attuale è rappresentata dalla restituzione all'Ispettorato Nazionale del Lavoro – INL (anche tramite le sue sedi territoriali) della piena competenza ispettiva in materia di salute e sicurezza sul lavoro. Il precedente dettato normativo aveva invece confermato una differente scelta legislativa che attribuiva prioritariamente l'attività di vigilanza alle Aziende sanitarie locali (competenti per territorio), assegnando all'INL una competenza residuale per la vigilanza in alcuni settori produttivi.

Attualmente ASL e INL dispongono di pari competenza in materia ispettiva, pur essendo previsto il coordinamento reciproco sul piano operativo, nel rispetto degli indirizzi generali stabiliti dal Comitato nazionale istituito presso il Ministero del lavoro e dai Comitati regionali di coordinamento, ai quali spetta una programmazione regionale degli interventi di vigilanza (artt. 5-7, T.U. 2008).

A livello provinciale, il coordinamento svolto dall'ASL e dall'INL riguarda tutti gli organi pubblici che svolgono compiti di vigilanza in settori particolari (ad es., aree portuali e marittime, settore minerario, settore penitenziario, Forze Armate, Forze di Polizia, Vigili del Fuoco). In tal modo, il legislatore punta a realizzare un ambizioso obiettivo di raccordo, evitando sovrapposizioni di competenze e duplicazioni dei controlli.

Al fine di scongiurare i possibili conflitti d'interesse, è fatto divieto al personale addetto alla vigilanza pubblica di svolgere, al contempo, anche un'attività di supporto o di consulenza a favore delle imprese, a qualsiasi titolo (anche gratuitamente) e sull'intero territorio nazionale (art. 13, co. 5, T.U. 2008).

Le somme derivanti dalle sanzioni amministrative irrogate nell'esercizio dell'attività ispettiva svolta dall'ASL e dall'INL integrano, rispettivamente, un apposito capitolo del bilancio regionale e il bilancio dell'INL con una destinazione precisa e obbligata: tali somme sono dirette, infatti, a finanziare l'attività di prevenzione promossa e svolta dai Dipartimenti delle ASL e dell'INL.

Ogni anno (entro il 30 giugno), l'INL è tenuto a presentare al Ministro del lavoro una relazione analitica (poi trasmessa al Parlamento) sull'attività di vigilanza e sulle iniziative di contrasto delle irregolarità che dia conto dei risultati conseguiti nei differenti settori produttivi e della programmazione futura.

2. La violazione dell'obbligo di sicurezza e le responsabilità del datore di lavoro

L'inadempimento (o l'adempimento inesatto e inadeguato) dei doveri di sicurezza, derivanti dal combinato disposto dell'art. 2087 c.c. e della disciplina del T.U. 2008, può comportare l'addebito a carico del datore di lavoro (ed eventualmente delle altre figure garanti) di una responsabilità di natura civile e risarcitoria, oltre ai titoli di responsabilità amministrativa e penale.

La responsabilità datoriale sul piano civile-risarcitorio (ed eventualmente sul piano penale, quando ricorra anche una fattispecie di reato) è collegata al verificarsi dell'infortunio o della lesione all'integrità psico-fisica e alle conseguenze in danno dei lavoratori, ma può dipendere anche dalla violazione in sé delle misure prevenzionistiche che sono assistite da specifiche sanzioni amministrative o penali (di carattere contravvenzionale) (cfr. artt. 55-60, d. lgs. n. 81/2008).

La tecnica sanzionatoria adottata dal T.U. 2008, infatti, è diretta ad incidere sulle omissioni e sulle carenze del sistema di prevenzione aziendale, anche a prescindere dal verificarsi in concreto di una lesione al lavoratore, offrendo in tal modo una tutela strumentale e anticipata della salute e sicurezza.

Quanto all'accertamento in giudizio della responsabilità per l'eventuale omissione o violazione delle misure di prevenzione (siano esse nominate, perché definite espressamente dal legislatore, oppure innominate, perché derivanti dall'obbligo di sicurezza *ex* art. 2087 c.c.), è la giurisprudenza costituzionale a stabilire quale sia il compito del giudice e quali siano i limiti della responsabilità che grava sul datore di lavoro.

Si dovrà accertare non solo se una determinata misura di protezione sia diffusamente adottata dal ceto imprenditoriale e sia ricompresa nel patrimonio di conoscenza propria dei differenti settori produttivi, ma soprattutto occorre verificare se quella misura sia comunemente praticata «in concreto e al momento», e pertanto «viene accolta negli *standard* di sicurezza della produzione industriale, o specificamente prescritta» dal legislatore (C. Cost. n. 312/1996).

3. La sospensione dell'attività imprenditoriale

Oltre a prevedere un apparato sanzionatorio di natura penale ed amministrativa, il legislatore punta soprattutto al rafforzamento dei rimedi di tipo preventivo-inibitorio, capaci di intervenire tempestivamente per evitare le carenze e le omissioni nell'attività prevenzionistica.

In questa prospettiva è prevista la **sospensione dell'attività imprenditoriale** (art. 14, d. lgs. n. 81/2008, mod. *ex* d.l. n. 146/2021, conv. in l. n. 215/2021): tale provvedimento è adottato dall'INL o dall'ASL (in base alla rispettiva competenza territoriale), nei confronti dei datori imprenditori «in caso di gravi violazioni in materia di tutela della salute e sicurezza sul lavoro» (previste dall'All. I, T.U. 2008), nonché quando sia riscontrato l'impiego di lavoratori irregolari in misura superiore al 10% del personale presente nell'ambiente di lavoro al momento dell'accesso ispettivo.

Il provvedimento sospensivo è obbligatoriamente adottato dagli organi pubblici di vigilanza qualora ricorrano le condizioni di legittimità stabilite dalla legge. Viene meno «ogni forma di discrezionalità da parte dell'Amministrazione», com'era previsto nel testo precedente alla riforma del 2021. La possibilità di valutare l'opportunità o meno di adottare il provvedimento aveva determinato l'insorgere di prassi difformi a livello locale e soprattutto aveva scoraggiato l'applicazione della misura inibitoria nei confronti delle imprese (cfr. Circolare INL n. 3/2021).

Per «lavoratori irregolari», s'intendono quelli occupati senza la preventiva comunicazione dell'instaurazione del rapporto di lavoro ai servizi pubblici per l'impiego (laddove tale comunicazione sia dovuta), ovvero coloro che sono inquadrati come lavoratori autonomi occasionali, pur in mancanza dei requisiti di legge. Il legislatore presuppone, non a torto, che il lavoro irregolare e non dichiarato sia, per ciò solo, anche poco sicuro e pericoloso.

Il calcolo dei dipendenti, al fine di verificare il superamento della percentuale del 10%, tiene conto dell'ampia nozione di lavoratore dettata dall'art. 2, T.U. 2008, quindi comprende anche i soci lavoratori e i collaboratori familiari del datore. È esclusa invece la possibilità di disporre la sospensione nei confronti delle micro-imprese, quando il lavoratore, ancorché irregolare, sia l'unico dipendente.

Il provvedimento di sospensione dell'attività aziendale ha una valenza soprattutto inibitoria (e, secondo alcuni interpreti, anche latamente sanzionatoria), in quanto il principale fine è quello di «far cessare il pericolo per la tutela della salute e sicurezza dei lavoratori», nonché assume finalità più generali di contrasto del lavoro irregolare. Vero è, tuttavia, che l'efficacia del provvedimento sospensivo non è immediata (come richiederebbe la sua natura inibitoria), ma decorre dalle ore 12 del giorno successivo ovvero dalla cessazione dell'attività lavorativa in corso «che non può essere interrotta», salvo che non si riscontrino situazioni di pericolo imminente oppure gravi rischi per la salute dei lavoratori o per la pubblica incolumità.

Le conseguenze dirette e indirette derivanti dal provvedimento amministrativo di sospensione sono comunque penalizzanti per l'impresa. Infatti, durante il periodo di sospensione, è preclusa la possibilità di contrattare con la P.A. e con stazioni appaltanti pubbliche: a tal fine, il provvedimento viene comunicato all'ANAC (Autorità Nazionale Anticorruzione) e al Ministero delle Infrastrutture. In ogni caso, si dovrà corrispondere la retribuzione (e versare i relativi contributi previdenziali) a favore dei lavoratori che sono coinvolti o interessati dalla sospensione dell'attività imprenditoriale. Inoltre, è fatta salva – in aggiunta – l'applicazione delle ulteriori «sanzioni penali, civili e amministrative vigenti» (art. 14, co. 12, d. lgs. n. 81/2008).

La normativa prevede tassativamente i presupposti di legittimità, le autorità competenti all'adozione del provvedimento, le condizioni per la sua revoca e l'eventuale impugnativa ammessa. Le gravi violazioni che legittimano la sospensione dell'attività dell'impresa sono individuate in modo analitico dall'Allegato I, T.U. 2008 (ad es., mancata elaborazione del DVR; assenza dell'attività di formazione e addestramento dei lavoratori; omessa fornitura dei DPI; mancata istituzione del SPP).

Il provvedimento sospensivo produce effetti solo in relazione all'unità produttiva interessata dalle violazioni e può fornire indicazioni sulle misure che l'organo di vigilanza ritiene idonee a far cessare la situazione di pericolo.

Il datore di lavoro può ottenerne la revoca, su istanza di parte, a condizione che rispetti le prescrizioni obbligatorie impartite dall'organo di vigilanza e ripristini le condizioni di sicurezza e di regolarità del lavoro, oltre al pagamento di una somma aggiuntiva per ciascuna violazione accertata in sede ispettiva.

La possibilità di proporre ricorso in via amministrativa nei confronti della sospensione è limitata all'ipotesi dell'impiego di lavoratori irregolari: entro 30 gg. dall'adozione del provvedimento, il datore può rivolgersi all'Ispettorato interregionale del lavoro, competente per territorio, il quale si deve pronunciare nei successivi 30 gg., ma il silenzio dell'Amministrazione o la scadenza del termine equivale all'accoglimento del ricorso. La competenza a valutare la legittimità del provvedimento di prescrizione relativo ai reati contravvenzionali è invece del giudice penale (la procedura è prevista dagli artt. 20 e ss., d. lgs. n. 758/1994).

L'eventuale inottemperanza al provvedimento di sospensione comporta gravi conseguenze: il datore di lavoro, infatti, è punito con la pena dell'arresto sino a 6 mesi o con il pagamento di un'ammenda (solo) in caso di utilizzo di lavoratori irregolari.

In sintesi, appare piuttosto complesso il coordinamento tra i diversi ambiti della responsabilità (civile, penale, amministrativa), anche se v'è un tratto funzionale comune che merita d'essere sottolineato: agli strumenti sanzionatori è assegnato, quale scopo prioritario e concreto, la realizzazione della sicurezza sul lavoro tramite l'eliminazione del pericolo e, ove possibile, la rimozione delle conseguenze delle violazioni od omissioni.

Tale caratteristica funzionale (restitutoria e reintegrativa) riguarda il regime delle sanzioni penali che tende ad un obiettivo sostanzialmente riparatorio, in luogo del tradizionale scopo punitivo o afflittivo, ma attiene anche alla responsabilità civile e risarcitoria, che ha progressivamente affiancato alla consueta finalità compensativa dei danni arrecati al lavoratore un'ulteriore finalità dissuasiva e deterrente rispetto alla condotta illegittima del datore di lavoro.

Da questo punto di vista, regole di *compensation* e regole preventive (o deterrenti) si integrano a vicenda: responsabilità penale e responsabilità civile cooperano in modo sinergico alla massima protezione dei beni fondamentali della persona del lavoratore.

4. I Modelli di Organizzazione e Gestione in materia di sicurezza sul lavoro

Uno dei punti di forza del T.U. 2008 è rappresentato dall'introduzione del **Modello di Organizzazione e Gestione in materia prevenzionistica (MOG)** (art. 30, d. lgs. n. 81/2008). Si tratta di uno strumento gestionale del sistema di prevenzione aziendale che può assumere una «efficacia esimente» rispetto alla responsabilità amministrativa da reato prevista dal d. lgs. n. 231/2001 a carico delle persone giuridiche e delle società.

Quanto alla natura di questo titolo di responsabilità propria delle persone giuridiche, la sentenza delle Sezioni Unite sul caso ThyssenKrupp ha fornito un chiarimento, affermando che la responsabilità delineata dal d. lgs. n. 231/2001 presenta «i tratti essenziali del sistema penale e di quello amministrativo», quasi un terzo genere di responsabilità, che ha l'ambizioso obiettivo di coniugare l'efficienza della prevenzione con le esigenze di massima garanzia della salute e sicurezza sul lavoro (Cass. S.U. n. 38343/2014).

Il legislatore definisce il MOG all'art. 2, co. 1, lett. *dd*): si tratta di un sistema organizzativo e gestionale per la definizione e l'attuazione della politica aziendale in materia di salute e sicurezza sul lavoro, coerente al d. lgs. n. 231/2001 e idoneo a prevenire i reati gravi (omicidio colposo e lesioni gravissime: artt. 589 e 590, co. 3, c.p.) commessi con violazione delle norme imperative di tutela del lavoratore.

L'affinità con i sistemi di gestione aziendale in materia di salute e sicurezza (SGSL) – come, ad es., le Linee-Guida UNI-INAIL del 2001, il BS OHSAS 18001:2007 (oggi sostituito da ISO 45001:2018) – si evince anche dalla previsione normativa che, in sede di prima applicazione del T.U. 2008, ha riconosciuto la conformità di tali sistemi gestionali, sia pure per «le parti corrispondenti, ai requisiti richiesti dall'art. 30» per l'elaborazione del MOG (cfr. art. 30, co. 5).

Qualora il datore di lavoro abbia adottato, ed effettivamente attuato, un simile Modello organizzativo, in grado di assicurare «un sistema aziendale per l'adempimento di tutti gli obblighi giuridici», potrà fruire del beneficio dell'esonero da quella particolare forma di responsabilità collettiva, di natura amministrativo-penale, derivante dalla c.d. colpa dell'organizzazione: una forma di responsabilità che può aggiungersi alla responsabilità penale per i reati contro la persona commessi con violazione delle tutele antinfortunistiche (artt. 589 e 590, n. 3, c.p.).

La responsabilità amministrativa dell'impresa presuppone la commissione di un reato, completo di tutti i suoi elementi costitutivi, da parte di soggetti che rivestano funzioni di rappresentanza, amministrazione, direzione o gestione (anche di fatto), oppure da parte di dipendenti che sono sottoposti alla direzione o vigilanza di organi apicali.

L'imputazione oggettiva della responsabilità collettiva ai sensi dell'art. 5, d. lgs. n. 231/2001 opera tuttavia quando i reati presupposti siano stati commessi nell'interesse oppure per il vantaggio dell'impresa. I termini "interesse" e "vantaggio" esprimono concetti giuridicamente diversi e possono essere alternativi, ma vanno sempre interpretati nella prospettiva patrimoniale dell'impresa, cioè come risparmio di risorse conseguente alla mancata predisposizione delle misure di sicurezza sul lavoro, ovvero come incremento economico e aumento di produttività aziendale a scapito dell'applicazione della normativa di prevenzione.

La giurisprudenza penale ricollega l'interesse e/o il vantaggio soprattutto al risparmio rispetto ai costi che l'impresa avrebbe dovuto sostenere per adottare le idonee misure di prevenzione (ad es., non è stato acquistato un macchinario più sicuro; un sistema di sicurezza vetusto non è stato aggiornato, ecc.), nonché all'aumento di produttività che può derivare dall'accelerazione dei tempi di lavoro agevolata dalla mancata osservanza della prevenzione (cfr., ad es., Cass, pen., Sez. IV, n. 2848/ 2021).

La responsabilità amministrativa dell'impresa per i reati di omicidio colposo o di lesioni colpose può essere esclusa comprovando l'adozione e l'efficace attuazione del MOG. La sua adozione è volontaria e non corrisponde ad un obbligo giuridico del datore di lavoro; peraltro, il T.U. 2008 insiste sul fatto che la predisposizione formale del Modello non è sufficiente ai fini dell'esonero dalla responsabilità, poiché occorre assicurare un'efficace attuazione del MOG in base al principio di effettività della tutela.

A questi fini, il legislatore ha attribuito compiti di supporto tecnico-organizzativo e di validazione agli organismi paritetici (art. 51, co. 3-*bis*,

T.U. 2008). Su richiesta delle imprese, tali organismi possono rilasciare un'asseverazione dell'efficace attuazione del MOG, di cui gli organi pubblici di vigilanza possono tener conto nella programmazione dell'attività ispettiva. Per lo svolgimento del compito di asseverazione, gli organismi paritetici istituiscono apposite commissioni (paritetiche) provviste di competenze tecniche adeguate (cfr. Cap. 5).

In verità, oltre al possibile esonero dalla responsabilità degli enti collettivi, il Modello organizzativo assume molteplici funzionalità ed è, appunto, questa sua caratteristica polifunzionale che probabilmente lo rende "speciale" rispetto alla disciplina generale del d. lgs. n. 231/2001.

Anzitutto è uno strumento di attuazione della normativa prevenzionistica perché, secondo l'art. 30, co. 1, d. lgs. n. 81/2008, «deve assicurare l'adempimento di tutti gli obblighi giuridici»: in relazione all'osservanza degli *standard* tecnico-strutturali delle attrezzature e degli impianti, all'assolvimento degli obblighi di informazione/formazione, alla sorveglianza sanitaria e alla gestione delle emergenze, alla vigilanza sulle procedure di lavoro, al monitoraggio sull'applicazione delle misure di sicurezza. In altri termini, è un mezzo di adeguamento all'intera normativa prevenzionistica e, in tal senso, di regola incorpora al suo interno il Documento di Valutazione dei rischi (DVR).

Il MOG è diretto, inoltre, ad organizzare e a gestire in modo efficace l'attività prevenzionistica aziendale: da questo punto di vista, costituisce uno strumento organizzativo/gestionale essenzialmente di carattere procedurale, che può includere un Sistema di gestione della sicurezza sul lavoro (SGSL). E ancora, ai sensi dell'art. 30, co. 1, lett. *g*), T.U. 2008, il Modello registra il possesso delle certificazioni obbligatorie di conformità agli *standard* normativi che riguardano gli strumenti e le attrezzature aziendali, assumendo così anche una valenza certificativo-documentale.

Il MOG deve in ogni caso prevedere l'articolazione dei ruoli aziendali che hanno poteri di «valutazione, gestione e controllo del rischio» (art. 30, co. 3, d. lgs. n. 81/2008), individuando le figure di garanzia, anche tenuto conto dell'eventuale distribuzione di deleghe e di sub-deleghe in materia prevenzionistica.

Infine, un particolare rilievo assume la predisposizione di un Organismo di vigilanza (ODV), dotato di autonomia rispetto ai vertici decisionali dell'impresa, con compiti di controllo sull'attuazione del Modello e sul mantenimento nel tempo delle condizioni di efficacia delle misure prevenzionistiche. A tale organismo è affidato anche il compito di riesaminare ed eventualmente modificare o aggiornare il MOG in relazione alle mutate esigenze della prevenzione aziendale (art. 30, co. 4, T.U. 2008).

Un ulteriore vantaggio connesso all'adozione di tale strumento di *compliance* è previsto dall'art. 16, co. 3, d. lgs. n. 81/2008, secondo cui l'obbligo di vigilanza del datore "delegante" sull'azione svolta dal soggetto delegato s'intende assolto tramite l'adozione e l'efficace attuazione del MOG che istituisce l'Organismo di vigilanza. In altri termini, il dovere di controllo che incombe sul datore di lavoro, nell'ipotesi di conferimento della delega di funzioni, può essere validamente esercitato attraverso il MOG e il suo organismo di vigilanza.

Ciò significa che si può prospettare un effetto esimente della responsabilità non solo a vantaggio dell'ente nel suo complesso, ma anche a favore del datore di lavoro (delegante), per l'ipotesi di omissione colposa del controllo sull'operato del delegato. Anzi, l'effetto esimente risulta rafforzato dal meccanismo presuntivo dell'art. 16, co. 3, T.U. 2008, in quanto il controllo datoriale sul delegato «s'intende assolto» per il solo fatto che sia stato previsto l'Organismo di vigilanza, quasi ci fosse un trasferimento dell'obbligo di controllo in capo a questo Organismo (che invece, va ricordato, non ricopre alcun ruolo di garanzia in materia di sicurezza).

La Commissione Parlamentare d'inchiesta sulle condizioni di lavoro in Italia e sulla sicurezza nei luoghi di lavoro (Relazione intermedia approvata in data 20 aprile 2022) ha rilevato, tuttavia, anche alcuni profili di inadeguatezza del meccanismo di responsabilità collettiva previsto dal d. lgs. n. 231/2001 e, di conseguenza, del Modello di organizzazione e di gestione.

La Commissione ha osservato che il sistema della responsabilità amministrativa da reato secondo il d.lgs. n. 231/2001 presenta una lacuna, mancando un riferimento specifico ai gruppi d'impresa e alle società che svolgono un controllo di fatto sulle imprese controllate. Ciò determina, ad avviso della Commissione, una sostanziale immunità a favore delle società controllanti in quanto il criterio ascrittivo della responsabilità di tipo oggettivo, come disciplinato dall'art. 5, d. lgs. n. 231/2001, risulta insufficiente per colpire i veri centri decisionali nell'ambito di gruppi societari e dell'impresa globale. Quasi sempre l'autore del reato di connessione è un soggetto esterno alla compagine societaria della capo-gruppo o dell'impresa controllante, ed è pertanto difficile fornire la prova, che costituisce il fulcro della disciplina, del legame di immedesimazione organica tra il soggetto e la persona giuridica.

Schede di sintesi

IL QUADRO NORMATIVO EUROPEO

Art. 153 TFUE: L'Ue sostiene e completa l'azione degli Stati nei settori ... «lett. a) miglioramento, in particolare, dell'ambiente di lavoro, per proteggere la sicurezza e la salute dei lavoratori»

Iª fase: 1970-1990 - Costruzione del quadro normativo europeo in materia di salute e sicurezza nei luoghi di lavoro (Risoluzioni del Consiglio europeo del 1974 e 1978).

IIª fase: 1990-2010 - Consolidamento della politica sociale in materia di salute e sicurezza (cfr. **direttiva-quadro 89/391/CEE**: attuazione delle misure per promuovere il miglioramento della sicurezza e salute dei lavoratori).

IIIª fase: 2011 a oggi – Comunicazione della Commissione al Parlamento Europeo, al Consiglio, al Comitato economico e sociale europeo, al Comitato delle Regioni, *Quadro strategico dell'UE in materia di salute e sicurezza sul luogo di lavoro 2021-2027 Sicurezza e salute sul lavoro in un mondo del lavoro in evoluzione*, Bruxelles, 28 giugno 2021 – COM(2021)323 final.

GIURISPRUDENZA DELLA CORTE DI GIUSTIZIA EUROPEA

- Le definizioni contenute nelle Direttive vanno interpretate in senso ampio e non restrittivo (CgCE 2000, C-11/99).
- L'attuazione delle Direttive dev'essere «integrale» (CgCE 2000 C-45/99; **CgCE 2001 C-49-00**).
- Non sono giustificati ritardi dei Paesi membri nell'attuazione delle Direttive (CgCE 1998 C- 64/97).
- Non costituisce valida attuazione delle Direttive l'adozione di prassi ammnistrative da parte degli Stati membri (CgCE 2002 C-394/00).
- Le parti sociali possono essere delegate alla trasposizione delle Direttive negli ordinamenti nazionali, ma gli Stati non sono esonerati dall'obbligo di recepimento quando i contratti collettivi non siano efficaci *erga omnes* (CgCE 1986 C- 235/84).
- Le Direttive prevedono una disciplina «minima» e va rispettata la clausola di non regresso (CgCE 1998 C-2/97).

RISCHI «NUOVI ED EMERGENTI»

Rischio «nuovo»: un fattore potenzialmente lesivo della salute generato da nuovi processi produttivi o nuove tecnologie o modifiche organizzative, nonché un rischio già noto e conosciuto, ma percepito in modo differente.

Rischio «emergente»: rischio in potenziale crescita o diffusione perché aumentano le condizioni pericolose che lo predispongono, oppure aumentano i livelli espositivi o il numero di persone potenzialmente coinvolte.

ESEMPLIFICAZIONE DEI NUOVI RISCHI E AMBITI DI DIFFUSIONE

✓ Rischi di rilevanza psico-sociale.

✓ Rischi connessi all'invecchiamento attivo della forza lavoro.

✓ Rischi connessi alla difficoltà per lo straniero di comprendere la lingua.

✓ Rischi connessi all'introduzione di nanotecnologie.

✓ Rischi del lavoro digitale su piattaforma; robotica; stampanti 3D.

✓ Rischi legati alle tecnologie di monitoraggio.

✓ Rischi connessi ai c.d. *green jobs* (ogni attività che coinvolge la protezione dell'ambiente e della biodiversità, includendo i settori dell'efficienza energetica, la riduzione dei consumi di materiali e di ogni forma di inquinamento e produzione di rifiuti).

PROTAGONISTI E GARANTI DELLA SICUREZZA (1) (Art. 2, lett. *b*) d. lgs. n. 81/2008)

- **Datore di lavoro privato** è il titolare del rapporto di lavoro, o comunque, il responsabile dell'organizzazione dell'impresa o dell'Unità Produttiva in quanto esercita poteri decisionali e di spesa.
- **Datore di lavoro pubblico** è il dirigente con poteri di gestione o il funzionario senza qualifica dirigenziale, purché preposto ad un ufficio con autonomia gestionale e autonomi poteri di spesa.

In caso di individuazione da parte della P.A. che non sia non conforme alla legge, la figura del Datore di lavoro ai fini della sicurezza coincide con l'organo di vertice dell'Amm.ne pubblica.

PROTAGONISTI E GARANTI DELLA SICUREZZA (2) (Art. 2, d. lgs. n. 81/2008)

Dirigente: attua le direttive del Datore di lavoro nell'organizzazione produttiva e vigila sull'attività lavorativa, «in ragione di competenze professionali e poteri gerarchico-funzionali adeguati alla natura dell'incarico» (lett. *d*).

Preposto: sovraintende all'attività lavorativa e garantisce l'attuazione delle direttive aziendali, controllando la corretta esecuzione delle stesse da parte dei lavoratori. Esercita un «funzionale potere d'iniziativa», «in ragione di competenze professionali e nei limiti di poteri gerarchico-funzionali adeguati alla natura dell'incarico» (lett. *e*).

SERVIZIO DI PREVENZIONE E PROTEZIONE: DEFINIZIONE

Definizione: «*Il datore di lavoro organizza prioritariamente all'**interno** dell'azienda o Unità Produttiva il SPP ovvero incarica persone/servizi **esterni***» (art. 31, co. 1, d. lgs. n. 81/2008).

«*Il SPP è **utilizzato** dal datore di lavoro*» (art. 33, co. 3).

- È obbligatorio all'interno nei casi previsti dalla legge (art. 31, co. 6): spec. aziende industriali ad alto rischio (ad es., centrali termoelettriche); Strutture di ricovero e cura (pubbliche e private) con più di 50 dipendenti.
- Nelle altre ipotesi il Servizio può essere esterno purché adeguato alle caratteristiche aziendali, anche acquisito presso associazioni datoriali e organismi paritetici (art. 31, co. 1).

PRINCIPALI COMPITI DEL SERVIZIO DI PREVENZIONE E PROTEZIONE

- Individuazione e valutazione rischi con il DL e MC, per la sua conoscenza specifica dell'organizzazione aziendale (art. 33, co. 1, lett. *a*).
- Elaborazione DVR e sistemi di controllo (per quanto di competenza: art. 33, co. 1, lett. *b-c*).
- Elaborazione di programmi di informazione/formazione (art. 33, co. 1, lett. *d*).
- Consultazione del RLS e riunione periodica (art. 33, co. 1, lett. *e*).
- Informazioni ai lavoratori (art. 33, co. 1, lett. *f*).
- Riceve dal Datore di lavoro informazioni sui rischi, organizzazione del lavoro, infortuni e provvedimenti di organi di vigilanza (art. 18, co. 2).
- Componenti del SPP sono tenuti al segreto sui processi produttivi e lavorativi (art. 33, co. 2).
- Componenti del SPP sono tenuti alla formazione periodica, secondo gli indirizzi della Conferenza Stato-Regione (art. 32, co. 6).

MEDICO COMPETENTE (MC) (artt. 38-39, d. lgs. n. 81/2008)

Definizione: Medico specializzato che svolge la **sorveglianza sanitaria** nei luoghi di lavoro e gli altri compiti previsti dalla legge (art. 2, lett. *h*).

- Titoli di studio e requisiti professionali *ex* art. 38.
- Elenco dei Medici Competenti presso il Ministero della Salute (art. 38, co. 4).

L'attività del MC è svolta secondo i principi della Medicina del lavoro e del «Codice Etico della Commissione internazionale di salute occupazionale (ICOH)».

SORVEGLIANZA SANITARIA

La «sorveglianza sanitaria» comprende:

- **visita medica preventiva** di idoneità alla mansione specifica;
- **visita medica periodica** di controllo, di norma annuale;
- «**visita in occasione del cambio di mansione**» o **cessazione del rapporto di lavoro** (ove prevista dalla legge);
- «**visita medica precedente alla ripresa del lavoro**» in caso di assenza > 60 gg. continuativi per verificare l'idoneità alla mansione (art. 41, co. 2, lett. *e-ter*);
- «**visita medica preventiva anche in fase pre-assuntiva**» (art. 41, co. 2, lett. *e-bis*);
- visita per verificare **dipendenza da alcool** e **stupefacenti**, nei casi e modi previsti (con accordo Stato-Regioni: art. 41, co. 4).

VALUTAZIONE DEI RISCHI (art. 28, d. lgs. n. 81/2008)

OGGETTO: valutazione di *tutti* i rischi, in particolare:

- Rischio da *stress* lavoro-correlato.
- Rischi connessi a stato di gravidanza, età, provenienza territoriale, differenza di genere.
- Rischi connessi alla specifica tipologia del contratto di lavoro (art. 28, co. 1).

AMBITO: la valutazione si effettua nella *scelta* delle attrezzature e sostanze, nella *sistemazione* dei luoghi di lavoro (*elenco esemplificativo*) (art. 28, co. 1);

MODALITÀ: in collaborazione *necessaria* del RSPP e del MC (nei casi previsti), previa consultazione del RLS (art. 29, co. 1-2);

TEMPI: in caso di costituzione di nuova impresa, entro 90 gg. dall'inizio dell'attività imprenditoriale (art. 28, co. 3-*bis*).

VALUTAZIONE RISCHI: PROCEDURA (artt. 28-29, d. lgs. n. 81/2008)

Datore di lavoro (compito non delegabile: art. 17, co. 1, lett. *a*)

↓

Consultazione preventiva del RLS (art. 29, co. 1)

↓

Valutazione del rischio con RSPP e MC (art. 29, co. 1)

Consultazione del RLS (art. 29, co. 2)

↓

Elaborazione congiunta documento per la sicurezza
(art. 28, co. 2)

↓

Esame/confronto sul documento nella Riunione periodica (art. 35)
(DL o suo rappresentante; RSPP; MC; RLS)
Verbale sull'esito della riunione

↓

Eventuale ricorso del RLS all'autorità competente

DEFINIZIONE E PROFILO DEL RLS (art. 47, d. lgs. n. 81/2008)

RLS: persona eletta o designata per rappresentare i lavoratori in materia di salute e sicurezza sul lavoro (art. 2, lett. *i*).

È presente in **tutte** le aziende o Unità Produttiva (art. 47, co. 2).

È istituito a livello di (art. 47, co. 1):

- Azienda o Unità Produttiva.
- Territorio o comparto: quando il RLS non sia stato eletto o designato a livello aziendale.
- Sito produttivo: per specifici contesti produttivi e in compresenza di più aziende (ad es., porti, grandi cantieri, impianti siderurgici).

Numero effettivo; modalità di designazione o di elezione; tempo di lavoro retribuito per lo svolgimento dei compiti sono definiti dalla contrattazione collettiva del settore (art. 47, co. 5).

ATTRIBUZIONI ISTITUZIONALI DEL RLS (Quadro di sintesi)

ATTRIBUZIONI LEGALI DEL RLS
(art. 50, d. lgs. n. 81/2008)

- **INFORMAZIONE CONSULTAZIONE PARTECIPAZIONE**
- **PROPOSTA PROMOZIONE**
- **CONTROLLO ACCESSO**

I PROCESSI DI ESTERNALIZZAZIONE

Esternalizzazione (*outsourcing*) consiste:

- nell'affidamento, da parte di un Committente o Appaltante, dell'esecuzione di **lavori, servizi e forniture** a soggetti **esterni** (imprese, lavoratori autonomi, professionisti) mediante forme contrattuali tipiche o atipiche;

Forme tipiche: contratto di appalto (e sub-appalto); contratto di somministrazione di beni e servizi; contratto d'opera o di lavoro autonomo;

Forme atipiche e denominazioni commerciali: *global service*; fornitura con posa in opera; nolo di attrezzature c.d. "a caldo", ecc.

RISCHIO DA INTERFERENZA: NOZIONE

Le regole di sicurezza sono applicabili ai lavoratori impiegati nei processi di esternalizzazione in quanto esposti ad un "nuovo" rischio (c.d. **da interferenza**).
L'attività di prevenzione spetta a tutti i Committenti: imprenditori e non; soggetti privati e pubblici.
Rischio da interferenza: è il rischio ulteriore derivante da un contatto rischioso tra il personale del Committente e quello dell'Appaltatore o tra il personale di imprese differenti che operano nella stessa sede aziendale.

A titolo esemplificativo:

- Rischi derivanti da sovrapposizione o esecuzione contemporanea di più attività svolte da personale di diverse imprese.
- Rischi specifici immessi dalle attività dell'Appaltatore nei locali del Committente.
- Rischi derivanti dall'uso promiscuo di attrezzature, strumenti di lavoro, da parte di lavoratori di diverse imprese.
- Presenza di clienti, utenti, degenti, ecc.

OBBLIGHI SPECIFICI DEL COMMITTENTE (art. 26, co. 1-2, d. lgs. n. 81/2008)

Obblighi del Committente:

a) **verifica preventiva d'idoneità tecnico-professionale** dell'affidatario «in relazione ai lavori, servizi e forniture» (ad es., attraverso Certificato camera di Commercio; Autocertificazione del possesso dei requisiti d'idoneità tecnico-professionale);

b) fornire ai soggetti affidatari «**dettagliate informazioni sui rischi specifici** nell'ambiente di lavoro» e sulle misure di prevenzione ed emergenza relative alla propria attività;

c) promuovere la **cooperazione/coordinamento** della prevenzione relativa all'attività lavorativa per eseguire l'affidamento;

d) elaborare, con tutti i soggetti affidatari, il **DUVRI** (Documento Unico di valutazione rischi da interferenza) che è allegato al contratto di appalto o d'opera o di somministrazione.

OBBLIGHI DI COMMITTENTE E AFFIDATARIO DURANTE L'ESECUZIONE (art. 26, co. 2, d. lgs. n. 81/2008)

Committente e Affidatario (appaltatore, sub-appaltatore o lav. autonomo) durante l'esecuzione del contratto d'affidamento hanno obblighi reciproci di:

Cooperazione: a) nell'attuazione di misure di prevenzione/protezione dai rischi nell'attività in appalto (c.d. rischi da interferenza).

Coordinamento: a) interventi di prevenzione/protezione;

b) informazione reciproca per eliminare i rischi da interferenza tra imprese e lavoratori coinvolti nell'esecuzione.

Finito di stampare nel mese di ottobre 2022
nella Stampatre s.r.l. di Torino – Via Bologna, 220